见识城邦

更 新 知 识 地 图　拓 展 认 知 边 界

Topologie der Gewalt

Byung-Chul Han

暴力拓扑学

[德]韩炳哲 著　　安尼 马琰 译

中信出版集团 | 北京

图书在版编目（CIP）数据

暴力拓扑学 / (德) 韩炳哲著 ; 安尼 , 马琰译 . --
北京 : 中信出版社 , 2019.10 (2025.10重印)
ISBN 978-7-5217-1055-7

Ⅰ. ①暴… Ⅱ. ①韩… ②安… ③马… Ⅲ. ①暴力–
研究Ⅳ. ① D588

中国版本图书馆 CIP 数据核字 (2019) 第 208890 号

Topologie der Gewalt by Byung-Chul Han

First published in the series Fröhliche Wissenschaft

暴力拓扑学

著　　者：[德] 韩炳哲
译　　者：安尼　马琰
出版发行：中信出版集团股份有限公司
　　　　　（北京市朝阳区东三环北路 27 号嘉铭中心　邮编　100020）
承 印 者：北京通州皇家印刷厂

开　　本：787mm × 1092mm　1/32　　印　　张：7　　字　　数：120 千字
版　　次：2019 年 10 月第 1 版　　印　　次：2025 年10月第10次印刷
京权图字：01－2019－2351
书　　号：ISBN 978－7－5217－1055－7
定　　价：38.00 元

目　录

第二部　暴力的微观物理学

导　言

有些事物，永不消逝，暴力即属此类。暴力性表达（Gewaltversion）并非现代性的标志。[1]暴力只是变化多端而已，其表现形式随社会局势而变。如今，它从可见转为无形，从正面直击转为病毒性感染，从粗野蛮横转为沉思内省，从真实转为虚拟，从生理转为心理，从消极排斥转为积极扩张，并且回到皮下、交际之下、毛细结构和神经元的领域，以致产生“暴力消失了”这样的错误印象。它眼下变得完全不可见，却与其对立面（Gegenfigur）即“自由”同时出现。现在，战争暴力让位给匿名化了的、去主体的、系统性的暴力；前者之所以能够隐藏于后者之中，是因为它与社会结为了一体。

暴力拓扑学首先要面对暴力的那些宏观表象，它们以排斥的形式登台亮相，即是说，它们在诸如自我与他我、内在与外在、朋友与敌人等两极化的紧张关系中得以发展，其表达方式通常都是表现式的、爆炸式的、群体式的、战争式的。远古的流血牺牲式暴力，嫉妒和复仇女神的神话暴力，统治者的杀戮暴力，刑讯暴力，毒气室里不流血的暴力，或者恐怖统治下的病毒性暴力，皆属此类。宏观物理学上的暴力还采取了一种更为精密的形式，比如通过语言暴力表现出来。伤害性语言所具有的暴力同物理（生理）暴力一样，向来以排斥性为基础，因为它具有污蔑性，它损人脸面，降人身份，或者夺人权利。排斥性暴力（negative Gewalt）与扩张性暴力（positive Gewalt）[1] 是

1　亦译作否定性暴力与肯定性暴力。由于本书所论大部分来自医学、心理学领域，为便于理解，相应译名会在否定 / 排斥与肯定 / 扩张间调整。——译者注（本书脚注均为译者注）

不同的，后者源于垃圾语言、过度交流和过多信息，即来自语言、交际和信息的成群积聚。

今天的社会总是一再抹去他者或陌生人身上的排斥性。全球化进程恰恰加速了边界和差异的消失。排斥性的日益消除却并不等同于暴力的消失，因为除了排斥性暴力，还存在着扩张性暴力。实施扩张性暴力不需要敌对和统治关系。暴力不仅仅是过度的排斥，而且还意味着过度的扩张，也就是扩张性成群，它表现为过度的绩效、过度的生产和过度的交际，过量的关注和过分的积极主动。扩张性暴力可能比排斥性暴力更为致命，因为它缺乏任何可视性和显见性，而由于其积极扩张，它还摆脱了免疫抵抗。传染、病菌入侵和渗透这些排斥性暴力的典型特征，如今让位给了梗阻。

后现代的绩效主体之所以是自由的，因为它不受迫于一个自身之外的统治机关。事实上，它同服从主体一样不自由。外在的胁迫是克服了，可却产生了内在的压力。绩效主体发展出一种抑郁。暴力一直存在，分毫未减。它只是转移到了内心层面。君权社会里的斩首制度，规训社会里的畸变，绩效社会里的抑郁，都是暴力拓扑学变迁的不同阶段。暴力将会愈益内在化、心理化，并由此隐遁其形。它一再剥除他者或敌人身上的排斥性，变为直指自身。

第一部

暴力的宏观物理学

暴力的拓扑学

希腊人把刑罚叫作 ανάγκαι，意思是“必要的”或“不可或缺的”。刑罚被视作一种天命或者自然法则（ανάγκη），并且能够容忍。人们当时所处的社会认可物理（生理）暴力是达到目的的手段。那是一个血亲社会，有别于心灵社会（Gesellschaft der Seele）所构成的现代社会。在这里，冲突会直接诉诸暴力解决，也就是说，以横扫一切的方式被清除。这样一来，外部暴力会给心灵减负，因为前者将痛苦（Leiden）外显出来，后者也不用深陷于折磨人的自我对话之中。在现代社会，暴力以精神化、心理化、内向性的方式出现，采取的是内在心理的形式。释放出破坏性力量的不是直接的情绪爆发，而是内心的反复研磨（psychischver-*arbeitet*）。

希腊神话中充满了鲜血和残缺的肢体。对于众神来说，为达到他们的目标，实现他们的意志，暴力是一种不言自明、自然而然的手段。北风之神波瑞阿斯为他的残暴做出了辩护。“风神已经缺失新娘俄瑞提亚多时，他一直在追求，试图首先请求而不是诉诸暴力。可是这位神的话语没有任何收效，于是他大发雷霆，如其习以为常的，驾驭起北风：‘这就对了！’他说，‘为什么我们还要放下我们的武器、激情、暴力、怒火和逼人的呼啸？为什么我要笨到规规矩矩地提出请求？我用暴力，天经地义！’”[2] 此外，古希腊还是一种激情文化（Erregungskultur）。火暴脾气是他们的典型特征，而且都具有残暴的形态。用獠牙将美少年阿多尼斯杀死的那头野猪，体现出激情文化和情绪文化所蕴含的暴力。据说阿多尼斯死后，野猪说它万万没想用“情欲的牙齿”伤害他，而只是想亲吻他。情绪文化和冲动文化将在这个悖论里走向深渊。

暴力在前现代社会无所不在，堪称家常便饭，且肉眼可见。它是社会实践与交往的一个基本组成部分。因此，它不仅仅被付诸实施，而且还特别用于公开展示。统治者通过杀戮暴力，通过血腥来宣示他的权力。表演暴行的剧场就在公共广场拉开帷幕，演绎着统治者的权力和统治。暴力及其舞台表演，从根本上是在实施权力，践行统治。

在古罗马时代，斗兽表现为对公众的服务。一场斗兽也是某个担任职务者所期待的礼物。有一种斗兽叫作角斗表演（*munus gladiatorium*）。原初的角斗士比武只是角斗表演的一个部分。[3]此前进行的正午行刑仪式则比角斗士比武残酷数倍。除了以剑致死（*demnatio ad gladium*）和以火致死（*demnatio ad flammas*）之外，还有野兽致死（*demnatio ad bestias*）。把罪犯扔给一头饥肠辘辘的野兽当食物，任其被活生生撕碎。角斗表演并非纯粹满足大众侵略本能的一项群众性娱乐，相反，其中包含着一种政治意味。在血腥的戏剧里，君主的权力化身舞台上剑的权力，角斗表演于是成为帝王崇拜的一个本质组成部分。对杀戮暴力的夸张演绎，宣示了统治者的权力和荣耀。统治行为利用了血的象征意义。野蛮的暴力相当于权力标志。暴力在此毫无遮掩，它明显可见，它毫无羞耻，既不悄寂无声也不公然赤裸，而是意味深长，影响深远。无论在远古文化还是古希腊罗马时代，演绎暴力都是社会交往中一个不可或缺的核心组成部分。

在现代，野蛮式暴力不仅在政治舞台，而且在几乎所有社会层面都越发失去合法性。它仿佛失去了任何展示场所。如今，行刑只能在普通公众无法进入的空间内进行。杀戮暴力不再用于展演了。集中营也表达了这个拓扑式转变（topologischer Wandel）。集中营不再是展示杀戮暴力的场所，因为它不建在城市中心，而是位于城市边缘。血腥暴力的舞台原本用于彰显君主的统治，而今让位于一间杀人不见血的毒气室，遁于任何公众视线之外。暴力不是鸣锣开道，而是羞答答地躲藏起来。尽管它一直还在实施中，但却不是公开演出了。它不再特意惹人注目，它没有了语言和象征，它不宣示任何东西。它的实施过程就是一场无言的、悄寂的毁灭行为。（集中营里的）“穆斯林人”（Muselmann）[1]就是这种暴力的受害者——这种暴力已经有了羞耻感，因此被视作犯罪并且否认自己。在被剥夺合法性之后，君主杀戮暴力的地点离开了公众视线。集中营是一个常规地点之外的非地（Ab-Ort）。这个地方还不同于监狱，因为监狱总还是有所属地点的。

前现代的君权社会是血亲社会，它的结束令暴力经受了一场拓扑式转变。如今它不再是政治交际和社会交往的一部分，它退回到次交际的、皮下的、毛细的、内在心灵的空间。它从可见转为不可见，从直接

1 专指纳粹集中营里因饥饿和酷刑致死的囚犯。

转为暗示，从生理转为心理，从战争式的转为居间的（Mediale），从正面直击转为病毒性渗入。现在，它的作用方式不是对抗，而是玷污；不是公开攻击，而是暗中传染。这种暴力的结构转变日益统领当今的暴力事件。就连恐怖主义也不是正面集聚破坏力，而是病毒般地散播暴力，暗度陈仓。就连21世纪的战争形式——网络战争——也像病毒一样展开。病毒令暴力避开任何可见性和公开性。凶手本人就把自己变成了隐形人。电子病毒（与其说是传染倒不如说是攻击），几乎不会留下任何可用于明确指认凶手的线索。然而，这种病毒性暴力却是一种排斥性暴力，它依然归入施害者与受害者、善与恶、敌与友的二元对立之列。

心理内向化是现代暴力发生拓扑式置换（topologische Verschiebung）的核心方式之一。暴力以一种内心冲突的形式发生。破坏性的紧张关系被分摊到内心层面，而不是向外释放出来。前线的走向并不外露，而在“我”心里：“文化对个体进行弱化和缴械，通过其内心的一个权力机关，就像通过占领一座攻克的城池一般，令个体处于监视之下。文化就这样克服个体身上危险的侵略欲。”[4] 弗洛伊德在良心中瞥见了这种心理内向化的监视机关。它是暴力翻转的场所：“我们甚至不惜冒天下之大不韪，用这样一种侵略的内心转向来解释我们的良心如何诞生。”[5] 针对他者的侵略，转向针对自身的侵略。个人越是克制自己对他人的侵略性，良心就会变得越严苛，越具有强迫性。[6]

统治技术也利用了暴力的内向化。暴力的内向化可以让服从主体把外在统治机关化进内心，将其变作自己的一部分。如此一来，实施统治的成本便大幅降低。象征性暴力也是一种暴力，它利用的是习惯养成的下意识动作。它成了理所当然，成了习以为常的感知和行为模式。暴力仿佛变成自然而然的了。象征性暴力无需任何物质的、战争的暴力就可以维持现存统治关系。规训技术也会利用胁迫手段的心理内向化

（psychische Internalisierung der Zwänge），通过精密审慎的侵犯活动，闯入主体的神经轨道和肌肉纤维，并令其听命于矫形性和神经性的胁迫及命令。统治君权社会的斩首行为所包含的那种残酷暴力，一度让位于一种连续性的、皮下的畸变暴力。

后现代的绩效主体不屈从于任何人。它本来就不再是一个屈服顺从的主体。它积极扩张自己，解放自己，成为一个投射物（Projekt）。这种从主体向投射物的转变其实并没有导致暴力的消失。取代外部强迫的，是自诩为自由意志的自我强迫。这种发展与资本主义生产关系密不可分。自从生产达到一定的水平，自我剥削就远比受人剥削更有效果，功能更为强大，因为，与自我剥削相伴的是，感觉自己是自由的。绩效主体对自己进行剥削，直到彻底把自己累死（Burnout）。与此同时产生了一种自残，且往往激化为自杀暴力。投射物到头来成了一颗子弹（Projektil），绩效主体射向自身的子弹。

暴力的考古学

暴力的根深蒂固性促使弗洛伊德设想出死本能（Todestrieb）。死本能会制造出破坏性冲动（destruktive Impulse），这些冲动周而复始，直至在一个客体身上释放出来。勒内·吉拉尔则反其道而行之，并不试图如此直接地界定暴力的实质，而将其归因于“模仿性对抗”（mimetische Rivalität）；人在模仿别人的欲求时，就产生了模仿性对抗。吉拉尔的观点是，一个东西，只是因为许多人同时渴望得到它，便被赋予了一种价值。己所欲，恰为他人之所欲。“占有模仿”（Aneignungsmimesis）从而引发暴力冲突。当两个欲求指向同一个客体，就会互相钳制。由此，吉拉尔得出结论，模仿会被迫走向冲突。[7]他把模仿性对抗解释为人与人之间暴力冲突的主要来源。他认为在许多文化中都能找到模仿禁令，那是一种暴力预防措施，因为“每个模仿性复制转瞬即可引发暴力行为”[8]。

然而，吉拉尔的“模仿性对抗”概念并没有把握暴力的本质。从词源学上看，竞争者（Rivale）让人联想到取水道（rivus）。竞争者之所以渴望水，并不是因为别人也喜欢水。暴力犯罪首先发生在对物的争夺上，这些物并非因为模仿性欲求才有价值，而是因为它们具有一种内在固有的价值。被争夺之物都是能够满足基本需求（primäre Bedürfnis）之物。吉拉尔的模仿理论用在财欲上也是说不通的。我想有钱，并不是因为别人也想有钱，并非模仿的欲求才让钱有了价值。钱是一个特殊的客体，因为它就是价值。模仿无疑表达了人类的一个主要行为方式，如果没有了模仿，也就不可能有人的社会化；然而，模仿首先涉及的是象征层面，比如语言或行为模式，所以并不一定会引发暴力冲突。

吉拉尔还将复仇归因于模仿。他称复仇暴力下的致命螺旋为“模仿危机”：“在血亲复仇阶段，人们也总是做出同样的行为，比如谋杀，即以相同的方式，出于相同的理由，对此前发生的谋杀行为进行复仇性模仿，而且这种模仿还会一直继续下去……连锁式的复仇就是登峰造极的模仿。”[9] 杀戮暴力的螺旋并非源于人类的彼此模仿。[10] 模仿说并没有解释血亲复仇为什么会产生破坏性的暴力螺旋。在远古的复仇行动中，起决定作用的是血亲复仇造成的杀戮，而不是对杀戮的模仿。杀戮具有一种内在固有的价值。统治远古暴力经济的不是模仿原则，而是资本主义原则。人所施加的暴力越多，他手中的权力也就越大。施予他人的暴力增加了自身存续下去的能力。人通过杀戮来克服死亡。杀戮者相信可以通过杀戮来战胜死亡。这种远古的暴力经济学在古代仍然有效。阿喀琉斯为他的朋友帕特洛克罗斯之死而复仇，他毫无选择地杀戮，并且容忍他人杀戮。被屠杀的不只有敌人。所有人喊着复仇誓言围在帕特洛克罗斯的尸体周围，接下来，他们在停放尸体的柴垛旁边开始大量宰杀猪牛羊。因为重要的就是杀戮本身。[11] 模仿在这里根本无从谈起。

暴力很可能是人类第一个宗教体验。对于远古时代的人而言，摧毁一切的自然暴力和野兽的杀戮暴力一定会造成创伤、引发恐惧，同时又引人入胜，所以他们把野兽拟神化，或者提升到一种高于人类的现实。对暴力的第一个反应就是将其外向化（Externalisierung）。在远古文化中，那种自然暴力还不为人知；而如今，人们清楚知道其自然内部的肇因，因此也就不会受到震慑。就连社会内部的暴力也被解释成那种从外部闯入社会内部的暴力所造成的后果。疾病和死亡同样不是身体内部的产物。相反，它们被归结于外部暴力的影响。每一种死亡都是残暴的，既不存在自然而然的死亡，也不存在自然暴力。

远古宗教是一种情结，是同（在外向化至神圣高度之后的）暴力彼此互动的结果。献祭就是最为重要的互动形式之一。阿兹特克人甚至发动仪式性战争，以获得战俘，继而当作人祭献给嗜杀成性的战神。走在战争队伍前面的是教士，这样就把战争本身表现为一种祭神行为。在这里，无论是战争还是集体杀戮，都成了宗教行为。在远古文化中，暴力扮演了宗教交流的主要媒介。与此同时，人们就在暴力的媒介中同暴力之神交流。一旦暴力被当作神性体验，那么与暴力的关系就迥然不同于从前了。暴力不能被简化为防御和预防，正如吉拉尔所解释的："暴力在这些社会中可能引发的弊端如此巨大，而疗治之方又如此孱弱，以致人们将重点放在了防微杜渐上，而预防领域之首选就是宗教领域。宗教层面的预防可以具有暴力性质。"[12] 如此看来，宗教行为首先就是缓和暴力，阻止其爆发，当然还得借助暴力。一个社会内的一切暴力行为都将由具有和解意味的祭品来承担，通过屠杀祭品将暴力排出这个社会："首先，祭品本身要求消除两个亲近之人彼此间的不和、仇怨、嫉妒和争执；在共同体内部重新制造出和谐关系，强化社会纽带。"[13]祭品就好比一枚避雷针。略施小计，暴力就被转移到替代品身上了。[14]

吉拉尔一再强调，预防暴力是宗教的本质。[15]不容置疑，祭品也是为了预防暴力，不过，宗教却不能简化至此。[16]暴力的宗教实践不仅仅是反应—预防性的，而且还是主动—生产性的。如果一个社会完全认同暴力或战争之神，那么它本身就会以侵略和暴力姿态示人。因此，阿兹特克人以暴力的战神名义发动战争。他们主动制造暴力。暴力对人们起到提升和赞美的作用。尼采写道："一个尚存自信的民族，也会有自己的神。……这个民族把兴趣投射向自身，把权力意识放进一个生命体（Wesen）……一个不识愤怒、仇恨、妒忌、嘲弄、诡计、暴力为何物的上帝，甚至连对人们在取得胜利和大肆破坏时的那种飘飘然都一无所知，这样的上帝有什么能耐？”[17]不计其数的死者头颅，装点着阿兹特克人的庙宇，它们表达的不是对暴力的预防，而是主动制造暴力。用于献祭的头颅被堆砌在一个木架上，效果就如资本积累一般。杀戮暴力制造出一种蒸蒸日上的感觉，一种有权有势的感觉，也就是永生不死的感觉。远古社会在暴力面前表现出的不仅是免疫—预防的姿态[18]，而且还有资本主义的特征。

在远古世界，每次死亡都被解释为外部暴力的结果。人们通过以暴制暴（Gegengewalt）来尝试避免从天而降的致命暴力，通过主动施暴来保护自己免遭暴力，为了不被他人所杀而去杀人。杀戮他人可保自身不死。你越是暴虐，越是杀人无数，就越觉得自己坚不可摧。暴力的职能类似一种死亡术（Thanato-Technik），它为活下来的人服务，尽管后者也时刻处于死亡威胁之中。

实施暴力会提升人的权力意识。暴力越多，意味着权力越大。在远古文化中，权力还不能表示统治关系，它既不产生主人，也不制造仆从。相反，它被假设成一个超自然的非人实体，你可以占有它，积累它，还可以失去它。马克萨斯群岛上的原住民把这种神秘的权力实体（Machtsubstanz）叫作曼纳（Mana），从被杀者转移到胜利者手上。一个勇敢的战士完全可以通过努力获得曼纳："从前人们以为，一个战士的身躯可以将其所杀之人的全部曼纳收入囊中……每成功杀一次人，他的矛也就增加了一些曼纳……为了直接将曼纳合并，他吃掉死者的肉；为了将打仗时新增的实力牢牢绑缚在自己身上……他把战败者身体上的部分残肢作为战争装备戴在身上——一块骨头，一只干枯的手，有时甚至是整个头颅。"[19]

作为超自然和非人格化的权力手段，暴力还令血亲复仇带着一种完全不同的色调亮相。如此一来，它不是报复了，不再适用于对谋杀负有责任的人。这里不会追究任何个人的责任，凶犯也不会被置于罪责关系之中。远古的血亲复仇不受审判，因此也就极其可怕。死亡削弱了被杀者所属的群体，因此后者必须靠杀人去重拾受损的权力意识。无所谓杀谁，只要杀人就行。每一次死亡，即便是自然死亡，也会引发复仇。因此，人们毫无选择地杀人，每一次杀戮都为权力的天平加码。恰恰是这种神秘的权力经济学，摆脱了任何理性逻辑，从而令血亲复仇如此具有杀伤力。甚至会出现这种情况，复仇者不仅打死凶犯族群成员，就连恰巧路过的无关之人也不放过。只有杀戮可以弥补由死亡造成的权力流失。

权力的远古形式就像一个神秘的实体，效果立竿见影。实体权力到了后来才发展成等级关系中的权力。由于直截了当的特征，实体权力不为任何政权（Herrschaft）奠基，因为政权是一个复杂的调解性、反射性实体（Vermittlungs und Reflexionsgebilde）。等级结构乃政权之根本，而远古社会没有任何明显的等级结构，所以族长也不是原始意义的掌权者，而只是一个媒介："族长嘴里说出来的不仅仅是话语，而且还道出了这个社会如何讲述自己，这个社会靠这些言论得以自称是一个不可分的共同体（ungeteilte Gemeinschaft）……"[20] 占有曼纳虽然赋予一个人族长的身份，却并未让他成为神一般的君王。相反，他不得不动辄盘算，一旦哪天失去曼纳，他就会被杀死。[21]

惩罚是对复仇的合理化，禁止了复仇的雪崩式膨胀，因为那会令复仇变得万劫不复。在远古社会，对暴力做出的唯一可能的反应就是以暴制暴。一个激进的范式转移将惩罚体系同复仇体系区别开来。前者把暴力变成一种由个人承担的行为。它不再是非人格化的、以暴制暴的事件；它脱离了权力关系，被置于一个罪责关联当中。暴力没有让我强大，而是让我有罪。惩罚不是以暴制暴，不是国家代替我去复仇。客观的罪责关联让惩罚看起来公正，或者合理。这样就不会出现暴力的螺旋。惩罚性暴力（Strafgewalt）放弃了远古复仇中典型的不审而判，不再令暴力逍遥于一切监管之外。审判和定向（Richten und Richtung）彼此决定。惩罚体系遵循的并不是复仇逻辑，而是调解逻辑（Vermittlungslogik），而调解逻辑产生于客观的法律关系。就此而言，惩罚体系阻止了暴力肆意蔓延膨胀，因为它不同于复仇体系，它意不在制造暴力，而在预防暴力。

有一个广泛流行的观点，即认为远古社会的战争首先是生存斗争，由生活必需品的匮乏引起。对此，皮埃尔·克拉斯特（Pierre Clastres）提出反驳。他认为，战争纯粹以侵略为基础。列维-斯特劳斯说，战争与交换具有密切关系，而克拉斯特则说，战争以一个独立的破坏性能量为基础，与贸易和交换毫无关系。[22] 以他之见，远古社会生活在一个相对独立的状态下，乃至没有哪一场战争的爆发是因为物质匮乏；战争的目的仅仅是捍卫本族群的自治权和身份同一性不受外族侵犯："对任何本地族群而言，所有他族都是陌生人：陌生人的形象（Figur des Fremden）证实了当地族群的信念——拥有自治权的我们就是这个族群的身份同一性。这跟永久战争状态是同一个意思……”[23] 永久性战争制造出一种“离心力”，通过抵抗一致性或反对统一，这个离心力会催生一个多样性的世界。克拉斯特的核心观点值得商榷，即永久性战争阻碍国家的形成。他认为，远古社会是故意拒绝国家政体，他们发动永久性战争，从而阻止国家的建立。作为“反对国家政体的社会”，远古社会是一个“赞成战争的社会”。克拉斯特的论调颇具挑衅意味：“即便没有敌人，他们也会发明出敌人来。”[24] 国家政体是一个复杂的权力实体，它把权力想象为一个等级统治关系并以此作为存在的前提，而远古社会由于自身的意识结构，并不存在这种关系。[25]

在现代社会，远古的暴力经济学并没有轻易消失。核军备竞赛遵循的正是远古的暴力经济学。潜在的毁灭力量像曼纳一样越积越多，为的是制造出力大无比和坚不可摧的感觉。从深层心理学层面看，远古时代的信仰——通过积蓄杀戮能力来逃避死亡——仍然奏效。增加杀戮暴力，被阐释成了减少死亡。就连资本经济学也显示出同远古暴力经济学的惊人相似，不是制造流血，而是制造流金。在鲜血与金钱之间存在着一种相似的本质。资本的运作方式就像现代曼纳一样，你拥有的越多，就越强大，越坚不可摧，甚至越妄想长生不死。金钱从词源上就已经点明献祭和狂热崇拜之间的关系。因此，还可以说，金钱原本就是人们用来赢取动物祭品的一个交换手段。谁如果拥有许多钱，那也就意味着他占有许多动物祭品，可以随时用来宰杀献祭。如此一来，他就得到了一种巨大的野兽般的杀戮暴力。[26] 于是乎，金钱也好，资本也罢，都成为一种对抗死亡的手段。

在深层心理学领域，资本主义实际上与死亡和死亡恐惧有很大关系。资本主义的远古维度也在于此。对积累和增长的偏执，是与对死亡的恐惧互为条件的。资本也可以被阐释为流淌的时间，因为人们可以用金钱驱使别人为自己工作。无休无止的资本制造出幻象，以为时间没有尽头。资本的积累对抗着死亡，对抗着时间的绝对流失。鉴于人生有限，人们才要累积时间资本。

炼金术的目的是将非贵重金属变成贵重金属。首先，铅被视作廉价品。它归属于时间之神——土星。在中世纪，土星常常被说成手持镰刀和沙漏的老者，那是时间流逝和死亡的象征。由铅向金的熔炼之旅，就好比一场把时间和暂时性变成无限和不朽的实验。贤者之石（*aurum potabile*）承诺永恒的青春。克服死亡，是炼金幻想的内容，这种幻想同样近似于资本经济学，近似于对增长和积累的偏执。由是看来，证券交易所就是现代资本主义的神奇导管（*vas mirabile*）。

救赎经济学也遵循着积累逻辑。对加尔文主义者来说，经济学的胜利本身就可以制造出救赎正确（*certitudo salutis*），好让你属于被挑选者，逃离永恒的诅咒。无休止的进款就好比得到救赎。救赎恐惧总是跟死亡恐惧紧密相连，产生出资本主义的积累强迫症。人们投资并投机拯救事业。在远古的曼纳经济学、资本的资本主义经济学和救赎的基督教经济学之间，存在着一种相似性。它们全都是一种死亡术，目的在于消除死亡，把死亡变没。

资本主义经济学把活下来变成绝对原则，不关心生活是否美好。[27] 滋养资本主义经济学的是一种幻象，即资本越多，生机越多，生存能力越大。将生与死蛮横地一刀切开，会为生活本身蒙上一件僵硬的幽灵外套。本该关注如何过上美好生活，却因担心活不下去而患了魔怔，或曰怕死癔病（Hysterie des Überlebens）。把生活简化成生物的、生命机能的过程，让生活本身变得赤裸。仅仅为活而活，是低劣的。那样一来，生活就被剥夺了活力，后者远比纯粹的生命机能和健康的身体要复杂得多。当生活变成赤裸裸的钞票，当一切叙事内容被排空，接下来对健康的狂热追求就粉墨登场了。面对社会分裂，沉渣泛起，只有我的身体保留了下来，所以要不惜任何代价保持身体健康。理想中的价值都流失了，这个想要得到关注的我，除了可以拿出来展示，就只剩下健康价值（*Gesundheitswert*）了。赤裸裸的生活让任何目的论、任何“为了……而……”消失不见，由此你获得了健康。健康变得只与自己有关，并且把自己排空，变成一个无目的的合目的性（*Zweckmäßigkeit ohne Zweck*）。

生活从未像今天这样短暂易逝。无一物能够持续长存。由于存在的缺失，神经质出现了。调动并促进生命进程，就是在尝试与空虚较劲，而空虚是死亡的前奏。一个被怕死癔病笼罩的社会，是一个活死人社会，既不能生，也无法死。弗洛伊德也清楚这种致命的幸存辩证法，所以会用这样一句话为《合乎时代的战争与死亡》一文作结：“如果你想生，那么就先面对死。”（*Si vis vitam, para mortem.*）[28] 这也就是要在生活中赋予死亡更多空间，以免生活被粗暴地简化为不死的生命："在现实中，在我们的头脑中，为死亡留有一席之地，给它应有的地位，让我们迄今为止如此小心翼翼地压抑在潜意识里的死亡观多见见光，难道不是更好吗？这似乎不是一种进步，反倒像是某种程度的退步，一种倒退；但它却有个优点，即正确认识真相，让日子重新变得好过。"[29]

暴力的心理学

弗洛伊德的心理系统（psychischer Apparat）是一套排斥 / 否定的系统。超我以掌管严苛律法和禁令的机关自居："超我将会保持父亲的性格，俄狄浦斯情结越重，他的压抑（受到权威、宗教信条、课堂教学、阅读材料的影响）也就来得越快，超我作为良心，或作为对于自我的无意识的负罪感，也就变得越严格。"[30] 超我表现为带有"非如此不可之冷酷特征"[31]的、带有"严格限制、残酷禁止之性质"的"绝对命令"，它对自我燃起了"毫不留情的熊熊怒火"[32]。它的主导情态动词"应该"，令自我成为服从主体："就好比孩子被迫听从父母，自我也屈服于其超我的绝对命令。”[33] 超我是一个内向化了的统治机关，代表上帝、主权或者父亲。它是自身当中的他者。于是，暴力在这里就是一种排斥 / 否定的暴力，因为它由他者引起，它表现为一个统治关系下的镇压现象。

反抗、排斥、压抑，把弗洛伊德的心理系统组织成一套排斥性系统。这个心理系统处于本能冲动和压抑的永久对抗张力之中。潜意识的存在也要拜压抑所赐。按照弗洛伊德的理论，潜意识和压抑“在很大程度上是彼此关联的”[34]。被压抑的本能“在黑暗中”“蔓延丛生”，并“发展出极端的表达形式”，这些表达形式还具有破坏性特征。癔病或强迫症的症状很大程度上与暴力有关，后者对心理系统产生影响。那里就像一个战场，防御、占领、逃亡、撤退、伪装、进攻、渗透等作战行动一一上演。自我、本我、超我，最终就像一个个兵营，形成一道明确的前线。尽管彼此间偶尔会讲和，但是这种和平建立在一个十分不牢靠的力量对比之上。

弗洛伊德在描述心理过程（psychische Vorgänge）时，依然紧扣排斥模式。他就这样一直跟随他者的脚步，那是自我无法取代的东西，而治疗心理疾病必须用自我完整地取代本我。他把忧郁也追溯到他者身上。他者在自我中安营扎寨，从而改变本我。跟哀悼一样，忧郁的起因也是放下了一个爱恋对象。哀悼和哀悼工作撤走了人对已逝对象的力比多（性欲），从而占有新的对象；与之相反，忧郁是将对象内向化。由于占有能力不够强大，尽管对象被轻易放下了，但是被解放了的力比多并未占有任何新的对象。相反，出现了一种同对象之间的自恋式身份认同："存在一种对象选择，一种针对某个特定的人形成的力比多；所爱之人患的一个真实病症或引起的失望对你造成影响，撼动了你同这个对象的关系。治疗成功不是通常所说的不再对这个对象怀有力比多，也不是将原有的力比多投射到一个新的对象上……固守旧爱（Objektbesetzung）的抵抗力并不高，然而弃旧容易，自由的力比多却并未转移到另一个对象身上，而是回到了自我那里。在那里，力比多并非处于放养状态，而是推动自我同旧爱之间产生身份认同。……如此一来，自我同所爱之人之间的冲突，就转变成自我批评与（被身份认同改变了的）自我之间的分歧。”[35] 被放下的对象同自我的关系很矛盾，它被内向化为自我的一部分。对旧爱，也就是对他者的批判，从而成就了一种自我批评。事实上，自我谴责与自我贬低同样适用于他者，因为他者现在已经是自我的一部分了。忧郁基于一种自我分裂。自我的一部分与他者相对峙，批评、贬低他者：“导致忧郁的契机，多数时候不止于死亡引起的明确可见的损失，还包括所有疾病、歧视、失望，这些可以催生爱与恨的对立，或者激化一个业已存在的矛盾。……如果对原来对象的爱……逃进自恋式身份认同之中，那么恨在这个替补对象身上可就有的忙了，对它咒骂、贬低，让它受苦，并且在它的痛苦里获得施虐的满足。”[36] 同对象达成身份认同，把施虐变成了受虐。通过自我惩罚和自我戕害，自我还是绕回到原来的爱恋对象上进行报复。

弗洛伊德对忧郁做出的阐释正确与否，在此无关宏旨。重要的只是他的阐释模式。忧郁是一个病理紊乱的自我关系。弗洛伊德将其解释为一种对外关系（Fremdverhältnis），一种同他者的关系。忧郁者作用于自身的暴力，因为矛头指向我中的他者（*der Andere im Ich*），于是成了一种排斥性暴力。我中的他者（*das Andere inmir*）是一套排斥性的措辞，从头至尾撑起弗洛伊德的精神分析。

弗洛伊德的心理系统是一套压制性的统治和强迫系统，在清规戒律中操作、征服、压迫。这个系统无异于规训社会中的高墙、栏杆、门槛、牢房、边境线、边防哨卡。因此，弗洛伊德的精神分析也只在诸如专制社会或规训社会这样的压迫社会里才有用武之地，其组织结构皆建立在对清规戒律的排斥态度上。今天的社会则是一个绩效社会，越发脱离对清规戒律的排斥态度，且以自由社会自居。决定绩效社会的情态动词不是弗洛伊德的“应该”，而是能够。这个社会转变带来一种内在心灵层面的结构转型。后现代的绩效主体，具有一种弗洛伊德精神分析说中的服从主体所没有的他者心理。在弗洛伊德的心理系统中，主角是排斥、压抑和对越界的恐惧，自我是一个“恐惧集散地”（Angststätte）[37]，对巨大的他者怀有恐惧。后现代的绩效主体很少排斥，它是一个积极肯定的主体（Subjekt der Affirmation）。如果非要把潜意识同拒绝和压抑等排斥论捆绑在一起，那么后现代的绩效主体就不再有潜意识了，它就是一个后弗洛伊德式的自我。弗洛伊德式的潜意识不是一个超越时间的实体，而是被禁令和压抑等排斥性所统领的规训社会的产物。然而，规训社会早已落入历史尘埃。

弗洛伊德式自我要做的事，首先是履行义务。这同康德的服从主体产生一种共鸣。在康德那里，良知所处的就是超我的位置。他所认为的道德主体也并不屈从于一个“暴力”:“每个人都有良知，而且每个人都置身一个内心法官的观察、威胁甚至尊重（带着不可或缺的敬畏）之下；这种超越法律、发自内心的暴力，并不是他自己（任性）所为，而是跟他的天性融为一体。”[38]康德式的主体也是分裂的，其行动指针是一个他者的指令，而这个他者又是主体自己的一部分:“这个原始的智力天赋和道德素养（由于它是个义务概念），也叫作良知，它现在有些特殊了：不管是不是在跟人打交道，人还是用自己的理智看出，不得不用他人的命令来驱动自己的良知。”[39]由于人有这样的分裂，康德又讲到了“双重自我”或者“二重人格”。[40]道德主体既是被告，同时又是法官。

服从主体并非快乐主体（Lustsubjekt），而是义务主体（Pflichtsubjekt）。因此，康德说的主体致力于一项义务工作并且压抑他的“喜好”。按康德的观点，此时，上帝出场了。上帝“高于一切权力道德实体”，他不仅是惩罚和定罪的机关，而且还是负责奖赏的机构。作为义务主体的道德主体，尽管为了美德之故压抑所有带来快乐的喜好，但是道义的上帝会为他的忍辱负重赐福。福祉“精确地按德行分配”[41]。道德的主体在接受赐福的同时也忍受了痛苦，对于奖赏当仁不让。这里不必担心有奖赏危机（Gratifikationskrise），因为上帝不行欺骗，可以百分之百信赖。

后现代的绩效主体不再致力于任何义务工作。构成其生活准则的不是服从、律法和尽职，而是自由、快乐和喜好。对工作的期待首先赢得了快乐。这里起作用的也不是他人的指令，相反，主体首先要听从的是他自己。他就是自己的雇主。因此，他摆脱了来自发号施令的他者的排斥性。然而，这种脱离他者的自由却并不是解放性的、自由自在的。自由的辩证法在于，它产生出了新的强制。脱离他者的自由，骤变为一种自恋式的自指（Selbstbezug），这种自指成为绩效主体诸多心理紊乱发生的肇因。

他指的缺失（Der fehlender Bezug zum Anderen）

造成了一种奖赏危机。奖赏作为承认肯定，要以他者或第三方构成的机关为前提。不存在自我奖赏或者自我肯定。在康德看来，上帝是给予奖赏的机关，他奖励并承认道德绩效。一旦奖赏结构受到干扰破坏，绩效主体就会产生压迫感，不得不一再做出绩效。他指的缺失，于是成了可能带来奖赏危机的超验条件。造成奖赏危机的，还有今天的生产关系。最终的业（Werk）不再可能是一件完成的、完结的工作结果。今天的生产关系恰恰阻碍了完结。人们其实是向着开放性工作，已经没有包含开端和结尾的完结形式了。

塞内特（Richard Sennett）也将奖赏危机追溯到自恋式紊乱和他指的缺失："自恋是性格的紊乱，它与极度自尊（Eigenliebe）截然相反。沉浸于自我之中不会带来任何奖赏，反而会给自我带来痛苦。抹杀自我与他者之间的界限，意味着这个自我永远不会与新事物，与他者相遇。他者将被吞没、重塑，直至自我从中再度认出自己——可是这样一来，他物或他者都变得毫无意义了。……自恋者没有在经验（Erfahrung）中消失，他要经历（erleben）——在迎面而来的一切事物中经历自我。……他溺死在自我之中。”[42] 在经验中，人们会与他者相遇。他者是使变成他者（*ver-andernd*）的，而经历则把自我延伸到他人身上，延伸到世界。因此，经历是使变成相似（*ver-gleichend*）的。只要是为了自己之故而贬低或防御他者，那么自尊就是排斥性的。自我与他者势不两立，以此保持同他者划清界限。谁若是爱自己，就明确摆出一副针对他者的姿态，而自恋主义者同他者的界限是模糊的。谁若患有自恋式紊乱，就会沉浸于自我。如果他指完全消失了，就无法构成稳定的自我认知。

塞内特将今天的个体心理紊乱同自恋相联系，这种做法固然正确，但是却得出了错误结论：“心理期待一再升高，乃至从前的行为永远不会令经历过的人满意，这也说明了人们为什么没有能力给任何事收尾。人们避免产生达到目标的感觉，因为那样一来，自我的经历就会被客体化，就会接受一种形态、一种形式，从而独立于自我而存在。……只有当持续处于未完结时，自我才能够成为现实；然而，只有对自我进行排斥时，自我才是持续稳定的。一旦达到完结，人的经历仿佛就消失了，而且看似就要遭受一场损失。自我的持续性、其感情冲动的未完结与不可完结性，是自恋的一个核心特征。”[43] 按照塞内特的观点，自恋的个体是故意避免达到或完成一个目标，因为完结会产生一个客体化的形态，这个形态独立于自我而存在，从而削弱了自我。现实情况却与此相反。由于社会条件所限，不可能存在客观有效、终极的完结形式。正是这种不可能性推动主体走向一个自我迷恋的重复之中，乃至自我不会具有任何形态、任何稳定的自我认知、任何性格。于是，达到一个目标的感觉，不会因抬升自我感觉而被故意“避免”，相反，永远不会产生那种达到目标的感觉。这并不是说自恋的主体不想要完结一件事。他失去了自己，把自己驱散到了广袤世界。缺失的完结形式尤其受到经济的制约，因为开放和未完结性有利于增长。

癔病是规训社会的一种典型心理疾病。精神分析就建立在规训社会里。癔病以压抑、禁令和否定等排斥现象为前提，这些全都会导致潜意识的形成。被推进潜意识的本能代理们（Triebrepräsentanzen）通过“皈依”（Konversion），表现为明确标识个人特征的身体症状。癔病患者显示出一种特殊的外形（Morphe）。因此，癔病给了形态学用武之地，形态学将癔病同抑郁症区别开来。

在弗洛伊德看来，“性格”是一种排斥现象，因为性格的逐渐形成无须心理系统审查（Zensur）。弗洛伊德将其定义为“放弃固守旧爱之后的沉淀物”[44]。当自我通过（发生在本我中的）固守旧爱获得认识，那么自我不是让这种认识自我沉溺，就是通过压抑的过程抵御之。性格本身包含了压抑的历史。性格描摹出自我同本我和超我之间的某种特定关系。癔病患者显示出的是一种特殊的外形，而抑郁症患者则是无形的，或可谓反外形的（a-morph）。后者是一个没有性格的人。癔病患者的灵魂尽管屈从外界强制力，但被清扫干净的同时也得到了塑造；而抑郁症患者的心理系统虽然没有了压抑和拒绝等排斥态度，但却看不到全貌，没有秩序，毫无形态。

弗洛伊德的精神分析学以压抑和否定等排斥现象为前提。如其所云，潜意识和压抑“彼此相关的程度是如此之大”。在今天的心理疾病中，如抑郁症、过度劳累导致的过劳症（Burnout）或精力不足多动症等，并无压抑和否定过程的参与。这些病症反而表现出过度的积极性，不是排斥，而是没有能力说不；不是不应该，而是无所不能。因此，精神分析学在它们身上找不到突破口。抑郁症不是被类似超我所控制的机关压制所致。在抑郁症患者身上，也不会发生那样的“传递”，不会直接指向被压抑的心灵内容。

秉持自由精神和解除管制思想，今天的绩效社会大规模拆除了一度占据规训型社会的藩篱和禁令。撤销排斥性旨在提升效率，结果实现了普遍的去边界和无界限化，也就是制造出普遍的滥交状态，而这种状态下不会产生压抑的能量（Verdrängungsenergie）。如果本能冲动的释放没有被压抑的性道德所阻碍，那么也就不会产生达尼埃尔·保罗·史瑞伯那种偏执狂般的疯狂想象。弗洛伊德将其归结于压抑的同性恋倾向。“史瑞伯病例”是19世纪规训社会的典型案例，在那个社会，占统治地位的是对同性恋以及快感的严令禁止。

抑郁症中没有潜意识的参与。潜意识不再操纵抑郁型绩效主体的心理系统。埃亨伯格公然紧抱着潜意识不放，从中炮制出一套歪理邪说：“是抑郁症的历史帮助我们理解社会和思想的天翻地覆。这个历史以不可阻挡的上升势头，渗入生活在20世纪上半叶的主体所遭受异变的两个维度：心灵的解放和身份的不确定性，分别对应个人的自主权和个体的无能为力。两个维度突出表明一些人类学风险，这些风险在于，神经症式的冲突逆转为精神病学中的抑郁性不足。从中出现的个体将与他无法控制的陌生事物的信息对峙，与这个难以缩略的部分对峙。西方人把这个部分叫作潜意识……”[45]按照埃亨伯格的说法，抑郁症象征“不可控制之物”“不可缩略之物”[46]。抑郁症可归结于“不受约束的可能性同不可控制之物的相撞”[47]。照此一来，抑郁症就成了追求自主权的主体倒在了不可控制之物上。不可控制之物，不可缩略之物，或者陌生事物，跟排斥性所具有的潜意识形象一样，对于（由过度积极性占主导地位的）绩效社会不再至关重要。

他者通过跟自身某一部分达成一种自恋式的身份认同而被内向化。弗洛伊德理解的忧郁是同这样的他者之间的解构性（破坏性）关系。这样一来，同他者之间的原始冲突就被内心化，转变为一种充满冲突的自我关系，导致自我的贫困化和自残。然而，今天的绩效主体患上抑郁症，不是因为同缺失的他者之间充满冲突和矛盾，他者维度同这种病没有关系。导致抑郁症的罪魁之一，反而是过于紧张的、被过度放大的、无节制的自指，它具有解构 / 破坏的特征。筋疲力尽又备感抑郁的绩效主体，仿佛被自己消磨殆尽。他很疲惫，由于跟自己作战而累得精疲力竭，完全没有办法走出自己、走到外界，没办法信赖他人、信赖世界。他咬住自己不放，结果竟把自己掏空抽尽；他为自己预备了一个越转越快的仓鼠轮，轴心正是他自己。

就连新媒体和沟通技术也冲淡了成为他者的存在（*Sein zum Anderen*）。虚拟世界缺乏差异性及其阻抗性。在虚拟的空间，自我实际上可以摆脱“现实原则”自由行动，而这个现实原则就是一个他者和阻抗的原则。在虚拟的想象空间里，自恋的自我首先遭遇的是自己。虚拟化和数码化导致真实性日益消失殆尽，而真实性首先是通过阻抗引起注意的。真实性是一种具有双重意味的停止（Halt）。它引发的不仅仅是中断或抵抗，还有停止和保留。

后现代社会的绩效主体拥有过多的选择，无法建立深厚的联系。在抑郁症那里，所有联系都被扯断，也包括同自身的联系。哀痛首先通过对客观对象产生浓厚的力比多式关联，从而有别于抑郁。抑郁则没有对象，因此也没有方向。还有必要把抑郁同忧郁（Melancholie）区别开来。忧郁产生的前提是经历损失，所以忧郁总是处在一个关联之中，而抑郁则同任何关系和联系一刀两断。抑郁症摆脱了任何重力。

当一个承载着浓厚力比多的对象不复存在，哀痛就出现了。谁哀悼，谁就全身心投入一个被爱的他者之中。后现代的自我把大部分力比多能量投诸自身。剩余的力比多，会被分配到不断增长的交往和短暂的关系之中。把特别微弱的力比多从他者身上抽离从而占据新的对象，实在是小菜一碟。没有必要没完没了地去进行痛苦的“哀悼工作”。社会网络中，“朋友”的首要功能是提升自恋式的自我感觉。自我就像是被展示的商品，而朋友作为消费者，对自我投来关注。

阿兰·埃亨伯格的出发点是忧郁和抑郁症之间的纯粹数量之别。忧郁总是带着精英的味道，如今民主化为抑郁症：“如果忧郁曾经是一个反常之人的特征，那么抑郁症则表达出反常事物的大众化。”[48]他认为抑郁症是“忧郁加上平等，是民主化的人的典型病症”。可是埃亨伯格特地将抑郁症定位在那个时代，那个被尼采宣称将涌现大量独裁者的时代。因此，抑郁的人也就是“被他的自主性折磨殆尽”的人，他再也没有力气去做自己的主人。他疲于不断“要求自主”。由于抑郁症这种特殊的病源学，埃亨伯格陷入了一个悖论，因为忧郁早在古代就已有之，与现代或后现代个体身上那种显著的忧郁不可同日而语。抑郁症患者没有力量“做自己的主人”，或者没有“我行我素的那种激情”，而古代的忧郁之人绝非这类人。忧郁跟瘾病或哀悼一样，是一种排斥现象，而抑郁症则与过剩的积极性有关。不过，也许抑郁症和民主制之间的确存在一些关联？根据卡尔·施米特的观点，抑郁症之所以属于民主制的典型特征，乃是因其缺乏做出决断之力。做出决策时那种快刀斩乱麻的暴力根本就不容许出现没完没了的进退维谷。如此看来，抑郁症的显著之处并非“缺失了冲突指向”，而是关联不到一个客观决策机关，一个可以给出完结形式[49]并做出奖赏的机关。

埃亨伯格最终把抑郁症纳入自我精神病学和病理学（Psychologie und Pathologie des Selbst），却没有看到经济学关联。过度劳累导致的过劳症，通常是抑郁症的前奏，它表现出的不是有力量“成为自己主人”的那个自治的个体。相反，耗尽是一种自愿对自我进行剥削的病态的后果。人的扩展、转型、再造等要求，恰恰与抑郁症相反；这些要求的前提是提供与身份同一性相关的产品。你越是频繁改换身份，生产过程的浮动就越大。工业化的规训社会依赖不变的身份性，而后工业的绩效社会则需要灵活的人，以便强化生产过程。

埃亨伯格的主要观点是："抑郁症的成功是由于缺失了冲突指向，而冲突是主体概念的基础，是19世纪末留给我们的东西。"[50]按照他的说法，冲突满足了一种建构功能；无论是个人的身份性还是社会的身份性，都是由那些"因冲突而产生的关系"所构成[51]；无论在政治生活还是个人生活中，冲突都是民主文化的标准内核[52]；而抑郁症则遮蔽了从冲突中建立关系的困难，于是冲突不再促进人的完整性。

冲突模式在经典精神分析学中占统治地位。治疗的途径是认识，也就是说，专程进入意识层面，认识到存在一个内心冲突。然而，冲突模式以压抑和否定等排斥行为为前提。所以这个模式不再适于抑郁症，后者完全没有排斥性。埃亨伯格尽管看出了抑郁症的典型特征是缺乏冲突指向，但是他一如既往地死守冲突模式不放。他认为，抑郁症背后有一个隐藏的冲突，通过抗抑郁药物，不但会产生药物依赖，而且会让患者弥足深陷。冲突不再是“可靠的领导者”：“经历缺失却心态平和，冷眼看待刺激，冲动性急却进退有度，克制自己被迫行事，这些都从依赖性中塑造出抑郁症的反面。一边对个人发展持神圣信条，一边对绩效能力狂热崇拜；冲突不见了，它失去了明确性，不再是可靠的领导者。”[53] 在现实中，抑郁症完全脱离了冲突模式，也就是说，摆脱了精神分析学。尽管精神分析学的前提条件已经废除，埃亨伯格还是尝试无视于此，以拯救精神分析学。

埃亨伯格将抑郁症同“去冲突化”结合在一起。必须联系普遍的社会积极（扩张）化（Positivisierung der Gesellschaft）来看待“去冲突化”，因为前者会带来社会的去意识形态化。社会政治事件将不再由已然带有远古色彩的意识形态冲突或阶级纷争而决定。不过，社会的积极扩张并没有消除暴力。暴力并非只来源于纷争或冲突等排斥性，而且还来自达成共识所需的积极扩张性。资本的大一统（Totalität des Kapitals）如今好似将一切吸收吞没，它表达出的是一种共识性暴力（konsensuelle Gewalt）。

今天的斗争不是发生在族群、意识形态或阶级之间，而是介于个体之间。这个事实，并不像埃亨伯格所认为的那样对于绩效社会危机举足轻重。成问题的不是个人在自身层面的竞争，而是这种竞争的自指性。自指性将其锐化为一场绝对竞争（absolute Konkurrenz）。因为绩效主体跟他自己竞争，被迫解构，不得不苛求自己。这里，绩效不与他人发生关系，也不再关乎苛求或战胜他人。这场战斗只针对自己。然而，战胜自己、苛求自己的尝试，会以死亡告终。这场竞争是致命的，无异于拼命跟自己的影子赛跑。

从规训社会过渡到绩效社会，超我把自己积极扩张成了理想的我（Ideal-Ich）。超我是压制性的，它首先表达出禁令，它以“压倒性命令的严酷特征”，以“严格约束性、严厉禁止性”统治着自我。绩效主体以理想的我为蓝本设计自己，而服从主体则屈从于超我。屈服与设计，是两个不同的存在模式。从超我中产生的是一个排斥性的强制力，而从理想的我中产生的则是对自我的一个积极扩张的强制力。超我的排斥性限制了自我的自由。按照理想的我进行自我设计，则被解释成一种自由行为。然而，鉴于理想的我不可抵达，于是自视为有缺陷的人，自视为失败者，接二连三地进行自我谴责。从真实的我和理想的我之间产生出一种自残。[54] 自我跟自己作对，向自己宣战。积极扩张的社会虽然自以为摆脱了外来的强制力，却陷入了破坏性的自我强迫之中。精力耗尽或抑郁症等心理疾病是 21 世纪的主要病症，它们都呈现出自残的特征。人们对自己施加暴力，进行自我剥削。由外而来的暴力退场了，取而代之的是一种自生（selbstgeneriert）的暴力，它比前者更加致命，因为这种暴力的受害者误以为自己活在自由里。

暴力的政治学

朋友与敌人

按卡尔·施米特之见，政治的本质乃区分敌友。[55]政治思考和政治本能无非就是“辨别朋友和敌人的能力”[56]。“朋友 / 敌人”不是将政治体系同其他体系区别开来的日常二元代码，因为政治首先不是一个体系，不是“专业范畴”。道德的“专业范畴”，可以叫它“体系”，是由“善 / 恶”这对二元代码所决定的，“美 / 丑”的对立则定义了美学体系，而政治不是什么专业范畴，所以“敌友”之分从根本上有别于构成一个专业范畴、一个社会体系的二元代码。专业范畴及其中的矛盾只把握事实内容。“美”或“好”是对一件事物的评价，一个人也可以是美或好的。然而，施米特却可能会说，那些都是事实性的归因。敌友之分却并非事实性的，而是一种存在意义上的，也就是存在性的区别。敌人不一定是败德或丑陋的。一个事实性的矛盾必须达到“一种强度达到极致的联合或者分离、联结或解体”[57]，从而能够转化为那个存在性的“敌 / 友”对立。因此，道德上的善恶之别唯有借助存在主义化（*Existenzialisierung*）才能达到道德的维度。宗教和经济也同美学和道德一样，首先属于专业范畴。它们以事实性区分为基础。只要一个宗教共同体出于宗教信仰发动战争，也就是说对敌作战，那么它就是在实施政治行动：“现实中的结党—树敌，从存在意义上讲是如此强大、如此重要，乃至于非政治的对立从促成敌友群体的那一刻起，就令迄今一直在发挥效力的‘纯粹’宗教的、‘纯粹’经济的、‘纯粹’文化的原则和动机统统往后站，令那些全新的、特殊的、若从‘纯粹’宗教和‘纯粹’经济或其他‘纯粹’的眼光来看十分不连贯的、‘非理性的’条件和后果，全部听命于眼下的政治局势。”对专业范畴进行存在主义化，同时也就剥夺了其客观性，赋予了这些专业范畴以非理性特征。如是，按施米特的说法，就不存在事实性的战争（sachlichen Krieg）。

对施米特来说，在面对外敌威胁且不得不对其宣战时，也就是处于战争状态时，共同体才是政治性的。暴力的现实可能性构成了政治的本质。战争不只是发生在国与国之间，而且还发生在一个国家的内部。一个国家只有在面对一个内部敌人的时候，其内部才是政治性的。因此，按照施米特的说法，所有国家都存在这样的组织机构，以希腊共和国国家法之名叫战争宣言，在古罗马国家法中叫敌对宣言，也就是“宣布国家内部敌人”[58]，通过唾弃、囚禁、放逐、剥夺权利或者献祭来实现。

施米特强调，有了朋友和敌人这对存在意义上的对立，足以刻画出政治的本质，并且足以令政治脱离“纯粹的社会联合”[59]。跟海德格尔一样，施米特也将共同体跟社会截然分开。只有共同体会产生政治能量。社会则只是一种“联合”。社会没有意志，没有内在性，没有投入战斗的果断，也就是对自己缺乏果断。一个靠经济组织起来的社会尽管可以采用“非暴力”的方式击败其对手，但它还不是一个完整的政治单位，因为它的对手并不是“敌人”，而仅仅是一个“竞争者”。战争在施米特眼中不仅是政治被其他手段所续写，而且就是政治本身。

对施米特来说，敌对性之于身份性具有建构意义。我只需感谢作为敌人的他者采取了免疫防御。施米特指出，“嫌只有一个真实的敌人不够多”是“一种内心分裂的标志”。无法对敌人进行明确定义，被解释成自身缺乏身份同一性的证据。众多的敌人将自我分散解体。只有面对一个敌人时，自我才能以其完整和明晰的面目示人：“敌人的存在乃是我们自身存在形态的问题。……出于这个原因，我必须秉持战斗姿态深入了解他，从而赢得自身的尺度、自身的边界、自身的形态。”[60]

在施米特看来，重大政治的高潮并不是同敌人达成和解或取得一致的瞬间，而是“将敌人明白无误视作敌人之时”[61]。政治的基础不是对话或妥协，而是战争与不和：“起决定作用的一向只是冲突事件。”[62]并不是说解决冲突的方案是政治的，反而是冲突事件背后的敌对性才是政治的。即便发生“战事”[63]，也不算什么临界事件，并不能令真正意义上的政治偃旗息鼓；相反，这个作为前线的边界，定义了政治的空间。例外状态是指，共同体中所有正常条件运转失灵。[64]例外状态让共同体成了赤裸裸的存在。正常性完全让位于存在。就在这种紧急的例外状态下，在存在完全显形之际，政治便登台亮相了：“战争，战斗者的赴死精神，对敌营的人进行身体屠杀，这一切都没有规范性的意义，而只有存在层面的意义，而且还是在针对一个真实敌人的真实战斗中，是在现实里，而不是在某种理想、方案或者规范里。”[65] 因此，要为战争的正当性辩护，只可能从存在层面，而非规范层面。的确，战争不可能得到正名。规范解释的是标准情况，是“规范的情况”[66]。“重大的”“完全非常规的情况”，即规范触不到的地方，才叫政治。施米特让战争脱离了任何规范性：“发动一场战争的意义不在于去实现理想或法律规范，而在于，它针对的是一个真实的敌人。”[67]

政治在施米特看来不是工作（Arbeit）。相反，供养它的是不可算计之事背后的张力。也可以这样说，“算计”（Kalkulation）、管理或行政，缺乏存在式的张力。“社会”把“政治上统一的民族”解散成为仅仅“怀有文化兴趣的公众”。施米特的政治概念是一个存在形式，这令人想到海德格尔的术语——本真性（Eigentlichkeit）。海德格尔笔下的“人”在施米特看来完全不具有政治性，因为他缺少任何英勇决断。施米特会说，这个人不是不会打仗，而只是没有竞争力。此外，这个人逃避对他发挥作用的情况做出决断："这个人无所不在，却总是在存在逼迫他做出决断的时候逃之夭夭。"[68] 施米特的《政治的概念》问世一年后，海德格尔在1933年的校长讲话中，同样祈愿一个由"共同体神话"引导的"战斗共同体"的到来。[69]

按施米特的话，在政治中起决定作用的是果断决策，是决策之战，也就是做出决策时那种快刀斩乱麻的暴力（*schneidende Gewalt*）。决断让讨论变成了多余。海德格尔则会补充道，人要讨论。讨论缺乏决断性的暴力、关键性的一击，那一击乃是决断的突出特征。因此，施米特谈到讨论时不无蔑视："政治概念中的……斗争就这样变成了自由思想中的……讨论；……本应辨明立场之处，却是持续抗衡的力量和永无休止的讨论。"[70] 施米特是出了名的议会制反对者。"议会"这个词可以追溯到法语动词

parler[1] 上来。照此说来，彼此言说、讨论，是政治的本质。独裁杜绝讨论，将语言简化成命令。然而，发号施令并不是讲话。语言的议会化，也就是灵魂的议会化，可能会成为施米特眼中的衰落。施米特所说的灵魂不容许长时间公开讲话，因为那样一来就会沦为空谈，永远无休无止，不会走向任何最终决策。“决策”一词，来自拉丁语 *decidere*，意思是“切断”。你要通过切断他者、切断敌人的咽喉来做出决断，所以你也要切断他人的话。决策是通过剑来直接做出决定，它以暴力为基础。讨论作为政治的媒介，遵循的是一套迥然不同的思想，是用妥协代替战斗。

施米特秉持的是不折不扣的二元对立思想。非此即彼乃是他思想的基本模式，也是他灵魂的基本公式。他的世界棱角分明。他对浪漫的批判恰恰可以归结为，他容不下多义性和矛盾性。浪漫气质的世界在

1 意为讲话、言谈。

他看来是“一个没有实体、没有机能关联、没有稳定导向、没有结论也没有定义、没有决策、没有最终审判庭的世界”[71]。所以，浪漫主义者亚当·米勒“因其渴望到处充当使者以及世界大同的‘宽容’精神”而受到批评，因为世界一旦大同，便剩不下什么东西能让“人热爱和憎恨”了。饱受批评的是“他骨子里多愁善感，总是认可一切的泛神主义”，还有他“天生的女性气质”[72]，与男性野兽般的天性背道而驰。可以说，政治存在不是吃素的（vegetabilisch），而是吃荤的（bestialisch）。政治不是和解与斡旋，而是入侵与制服。生活首先是依靠“真实的战斗”，依靠“这种最极端的可能性”，即是说，依靠暴力而赢得“特殊的政治张力”。于是，一个超越民族国家的世界共同体在施米特看来不是政治的状态，因为它除了自己以外没有任何敌人：“如果一个世界把这种战斗的可能性一扫而光，那么一个最终获得和平的地球将是一个没有敌友之分的世界，也就是一个没有了政治的世界。”[73]

施米特的暴力政治是一种身份政治，其影响超越政治，触及灵魂。就连恐水症也能追溯到身份强迫上来。在施米特看来，水是一种特别令人恐怖的因素，因为它不容许你对其做出稳定标识。它完全没有性格特征，因为任何事物都无法在水中记录自己：“海洋不识空间与权利、秩序与方位这类明确的整体为何物。……在海洋里也无法……镌刻任何固定的界限。……从性格这个词的本源含义讲，海洋没有性格。性格一词来自古希腊语 diarassein，意为铭刻、刻入、镌刻。”[74]施米特是一个特别的“陆地生物”，一个“陆地行者”[75]，因为他只遵循严格的两分法和二元模式思考，他无法理解悬浮不定或无法分辨之事。

施米特的身份政治释放出许多破坏性能量。然而这种暴力是向外的，对内它是加固性的，因为所有冲突的能量指向都从自身转移到他者，从而变成外向型。把他者视作敌人的那种暴力，赋予自我一种牢固和稳定性。这种暴力是有助于身份建构的。施米特指出，“敌人的存在乃是我们自身存在形态的问题”。只有面对敌人的时候，自我才获得“自身的尺度、自身的边界、自身的形态”。把他者排除在外，明确标识为敌人，从另一方面塑造了完整明确的自我认知。敌对形象越鲜明，我自身的形态勾勒得就越清晰。敌对形象和自我认知彼此决定，互相促成。针对他者的解构性、破坏性能量，对于塑造一个轮廓分明的自我又是建构性的。

“性格”是一种排斥现象，因为它的前提是排除和否定。“拥有多于一个唯一真正的敌人”，是一种性格弱点。拥有多于一个唯一真正的朋友，于是也标志了一种性格缺陷。尽管是排斥的，或许恰恰因为排斥性，性格反倒令自我有了形状并得以巩固。决策与排他具有快刀斩乱麻般的暴力，有赖于此，“性格”才有了严酷性，才与今天这个首先不问一切关联的绩效社会水火不容。绩效主体要成为一个灵活的人。这个转变首先受到经济的制约。稳定的身份性抵抗着今天急速运转的生产关系。持久、稳定、连续性，都阻碍着增长。绩效主体身处一个恒久悬浮的状态，这种状态容不得任何确定的“定向”、任何清晰的自我轮廓。理想的绩效主体将是一个无个性（charakterlos）、没性格的（charakterfrei）人，放之四海皆可用，而服从主体和规训主体则具有一个固定的性格。在某种程度上，这种悬浮状态跟自由的感觉是结伴而行的。久而久之，这种状态就会导致心理虚脱。

矫形外科式的、矫正精神病式的压制，不仅仅是破坏性的，它还会给灵魂整形、归位。对排斥性的彻底拆除是毁容性的、撼动性的。没有了“定位”，灵魂也搭不上扣；它脱了扣，无依无靠，无休无止。一旦稳定的、客观的身份模式和定位模式突然中断，就会产生心理动荡和性格障碍。自我的无法闭合与未完成状态带来的不只有自由，还有病态。可以说，抑郁的绩效主体是一个没有个性的人。

统领今天绩效社会的不是雷打不动的敌友模式。

如施米特所言，“竞争者”不是敌人。竞争，从字面上讲就是一起赛跑。这是为得到一个事物而展开的角逐。但在敌对关系中，攸关的不是什么具体事物，而是存在。竞争关系缺失的恰恰是存在的张力，然而排斥却能帮助自我明确认识自己的敌对关系。后现代的绩效主体逐渐脱离了排斥性。他们面对的既不是敌人，也不是君主。不再有陌生的机关强迫他们一再做出绩效，相反，他们会强迫自己就范，同自己发动战争。

他者首先以抵抗姿态报到。彻底废除抵抗性将会把他者磨平。敌对关系是同他者的一种关系，会带来一种高度的摩擦。在社会的积极扩张进程中，后现代个体越来越脱离对他者的排斥（Negativität des Anderen）。他的自由成了游离于他者之外的自由，骤然转变成为一种病态的激烈的自指。这样一来，个体越发失去同外界、同客观对象、同世界的联系。新的媒介和沟通方式强化了这个发展趋势。就连我走进的虚拟空间，也很少会让我遭遇来自他者的抵抗。虚拟空间就是一个投射空间，在那里，后现代个体首先遇到的是自己。

服从主体和规训主体将他者置于对立面，这个他者是上帝、君主或者良知；他们服从于一个外在的机关，这个机关不仅施行压制或惩罚，而且还会进行奖赏。绩效社会的主体则带有自恋式的自指特征。由于没有了来自他者的奖赏，这个主体被迫不断做出绩效。对他者的排斥，包含在竞争关系之中，而绩效主体没有了这种排斥，因为他归根结底是在同自己竞争，寻求赶超自己。如此一来，他就加入一个致命的赛跑，围着自己没完没了绕圈，早晚会累倒在地。

抑郁症被视作一种自恋式的紊乱（障碍）。它的产生是由于断绝了同他者以及外部世界的关联。抑郁症威胁着自恋的主体，这个主体围着自己打转而无法自拔。抓住自己不放是令人痛苦的，由于它是指向自己的，用施米特的话说，不会带来“自身的形态”；这样做有助于在想象中建构出一个外敌，因为这样一个外敌会为那个被自己压得喘不过气、同自己剑拔弩张的灵魂减轻负担。以这种方式想象出来的敌人形象，帮助自己得到一个客观的“形态”；这个形态把自己从有如丧失行动力的自恋式自指中解放出来，把自己从沦陷状态拖进虚无的主体（subjektive Leere）。经验的仇外现象，暴露出的就是这种想象维度。

为了脱离那个围着自己越转越快的自恋仓鼠轮，有必要重新恢复同他者的关系，不过，途径却并非同施米特的敌友公式相结合的那种排斥性暴力。有必要进行一种别样的建构，即对他者的重构，同时又不会引发破坏性的免疫防御。如果我让他保持如其所是的样子，并且肯定这种他在，那么就可能同他者发生关联。这种对如其所是的肯定就叫作友善（Freundlichkeit）。友善并非被动冷漠地让他者保持原样，而是同这个如其所是之间的一种积极参与的关系。只有在面对他者或者陌生人的时候，友善才会苏醒。同自己的区别越大，出示给他的友善就越深刻。

在一致性（Gleichheit）面前，友善与敌意，是与非，欢迎和拒绝，皆没有可能。

友善政治比宽容政治更加开放。宽容本来是一个传统的实践，因为它只是容忍了差异性（Andersheit），它一如既往还是一个固定的自我认知，同一个轮廓清晰的身份紧密相连。除此之外，人们严格同他者隔绝开来。宽容的实践还受到统治者的制约。少数人群被掌权的主流人群所容忍。友善的政治用最小关联制造出最高团结，也就是用最远的血缘制造出最近的亲密。施米特作为身份政治的暴力政治，却让本属于最近亲缘关系的兄弟情谊骤变为敌对关系。针对“谁是我的朋友”这一问题，施米特的回答是：“他人自证是我的兄弟，而兄弟则自证是我的敌人。”[76]

法律与暴力

一个流传甚广的观点是，假如不采取任何暴力手段，那么法律秩序就失去了效力。照此看来，法律无非就是强权者的特权，只可假暴力以得之。法律可能的确要靠暴力来执行，但却不必以暴力为基础。黑格尔也曾写道：“人们常常想象国家是和暴力结合在一起的，然而维持稳定的仅仅是对秩序的基本感觉，这种感觉人人都有。”[77]维持法律秩序不能仅靠暴力或排斥性制裁等威胁。暴力不会把任何事情团结起来。从暴力中不会生出任何稳定状态。相反，暴力的密集上演标志了内在的不稳定。一个仅靠暴力得以维护的法律秩序，将会十分脆弱。然而，只要有对法律秩序的支持，就可以保证一个稳定的状态。正是当“稳定”从法律秩序中消失时，暴力才露出端倪。

瓦尔特·本雅明的政治哲学也以暴力和法律的内在统一为出发点。作为制定法律的力量，暴力从法律诞生之日起就发挥着作用。本雅明把法律理解为强权者的特权。胜利者以暴力的方式推行其意志，获取其利益，实现其存在。法律关系反映的完全是权力关系："立法也就是立权。"[78] 所以，暴力是立法的重要组成部分。本雅明以尼俄柏[1]的传说为例，说明法律同暴力之间的内在关系："尽管阿波罗和阿尔忒弥斯的行为可能只像是一种惩罚，但是他们的暴力反而建立了一项法律，若违犯一个现存法律就会受到惩罚。尼俄柏的傲慢给自己招来灭顶之灾，不是因为她破坏了法律，而是因为她向命运发起挑衅——一场命运必胜的战争，并且乘胜追击，促成了一部法律的诞生。"[79] 暴力的效力并不仅限于制定法律，为了给法律保驾护航，暴力还搭建了一个具有震慑效果的布景，以负责执行现行法律。在本雅明看来，法律若要全面发挥效力，与暴力密不可分。法律建立在暴力的基础之上。暴力乃法律的本质。本雅明完全忽视了法律还具有调解、预防暴力的维度，赫西俄德就曾说过："倾听正

1 古希腊神话人物，底比斯国王安菲翁的王后，育有七子七女。因对神傲慢无礼，出言冒犯，子女皆被阿波罗和阿尔忒弥斯兄妹射杀，自己也化作石像。

义，完全忘记暴力。因为克洛诺斯之子已将此法则交给了人类。由于鱼、兽和有翅膀的鸟类之间没有正义，因此它们互相吞食。但是，宙斯已把正义这个最好的礼物送给了人类。”[80]

法律听命于历史性与结构性转变，它首先是一种令人生畏的命运权力（Schicksalmacht）。人们在不知不觉中违抗未成文的法律从而陷入一种赎罪。本雅明最终援引法律的这种远古的神秘模式，将其视为法律的普遍本质。每一种法律暴力都是“直接暴力的神秘症候”。法律因为同暴力联袂而应受到谴责，它无法自证公正。因此，本雅明提醒人们“暴力的历史功能令人败坏，消灭暴力乃当务之急”[81]。

本雅明的著作《暴力批判》成书于魏玛共和国的危机年代。因此，跟卡尔·施米特一样，本雅明也深深怀疑议会制：“它们（议会）既没有以暴力立法的观念，亦不具备与这种暴力相称的决策力，而是倾向于在妥协中对政治事务采取一种臆想的非暴力解决方式。”[82] 本雅明显然忽略了议会的本质。议会是一个彼此交谈（*parler*）的场所。议会将立法行为从暴力转化为言谈。只要言谈的效力还在，妥协就可以杜绝暴力，而暴力则蕴藏在哑口无言和绝对沉默之中。本雅明误解了妥协的本质，他在妥协中看到的是“暴力的心态”[83]；可如果谁拥有暴力心态，那么他根本就不可能容许自己妥协。民主具有一种交往性内核（*kommunikativer Wesenskern*）。就连少数族群也完全可以通过言谈影响决策过程。独裁禁止言说，它只下达命令。

本雅明的议会批评与卡尔·施米特的动机不同。施米特诋毁议会制是为了论证服务于立法的决策暴力，而本雅明的议会批评则是出于对法律本身的极端怀疑。本雅明的上帝不是法律规定的君主。卡尔·施米特并没有离开法律秩序的内在本质，本雅明关怀的则是法律的彼岸。他对法律秩序的彻底怀疑，可追溯到法治同暴力之间的谱系和繁衍关系。正是基于法律最初的暴力本质，他才会指责议会制：“无论一个高高在上的议会是多么令人向往、令人欣喜，人们在商讨本质上属于非暴力的手段时，也不能考虑议会制。因为生死攸关之际，议会制所能做的无非是依法行事，而那些法律则是既来自暴力，又走向暴力。”[84]就连法律条约在本雅明看来也不是以非暴力方式调解冲突，因为一旦其他党派破坏了条约，那么条约就会赋予任何政党以诉诸暴力的权利。本雅明总是从非常局面即例外状态出发来看法律关系，在此他就是从条约可能被撕毁出发的。由此一来，他对法律的调解功能就完全置若罔闻，而调解功能乃是法律和暴力的本质区别。缔结条约的前提是，各方还能彼此相融，还有放弃武力彼此交谈的意愿。条约跟妥协一样，是交谈的效果。它包含一个交往性内核，这个内核不容退化为强权和暴力经济学。

面对法律的暴力属性，本雅明提出疑问，为了整顿违背人类利益的行为，是否除暴力之外再无其他办法。首先，他承认存在非暴力的冲突解决方式：“毫无疑问。私人交往中有层出不穷的例子。不经暴力而达成一致的例子随处可见，心灵文化将纯粹的协议手段交付于人。”[85]本雅明用“纯粹手段”抵抗所有形式的合法与非法手段，这些手段是“无一例外的暴力”。它们之所以纯粹，是因为它们不受任何法律关系制约。他将“彬彬有礼、喜好、对和平的热爱、信任”划作这些非暴力的调解手段。比如，信任比和约关系更加不受胁迫，因为它不会在条约撕毁的一刹那诉诸暴力。信任消失之际，暴力将至。本雅明提醒人们注意，在国家的千年历史中，形成了非暴力的统一手段，敌对方的使者完全可以按照私人之间和平达成一致的方式去调停一桩又一桩冲突，无需条约。他甚至说这是“温柔的任务”，是“由仲裁法庭果断做出的裁决，而从根本上讲，这种裁决高于仲裁性质，因为它无涉任何法律秩序和暴力”。[86]“纯粹手段的政治”[87]是一种超出常规的，也就是超出法律秩序之外的谅解和调解政治。本雅明将语言本身提升到“人类达成一致的领域”，是“原属于‘谅解’的领域”，是“暴力完全无法涉足之地”。本雅明对纯粹手段的效力还是做了限制。在论述“纯粹手段的政治”[88]时，他并未结合国家之间的冲突——在这类冲突中，必须以取得一致为目标，因为冲突中的党派在暴力解决时（一向如此）担心吃亏。本雅明的纯粹手段的政治不是伦理学，而是一种一统化（极权化）的技术，用于解决由物品引起的冲突：“它们（纯粹手段）要解决的绝不是直接调解人与人之间冲突，而只是为货物开辟道路。人际冲突关系转嫁于物品关系上，这样就为纯粹手段打开一片天地。”[89]

本雅明确信：“人类可以设想的任何解决方案——更不要说从迄今为止世界历史上所有存在状态的魔咒中拯救出来——都不可能彻底无涉暴力。”就此，他另辟蹊径，对那个游离于所有法学理论之外的暴力展开追问。[90]由于本雅明紧扣法律的暴力关联而拒斥人类的法律秩序，同时又认为不可能完全放弃暴力，于是他选择了神的暴力（göttliche Gewalt）：它既无法律秩序又不受神话的立法约束，所以它是“纯粹的”。

依本雅明之见，神的暴力的纯粹性在于，它打破了联系法律与暴力的纽带，它打破了法律秩序的一切包裹。因此，它是打击性的。它不会建立任何权力和统治关系。神话暴力却制造出一个罪责和权力的联合体，让战败者成为有罪之人。只要暴力在统治，罪责就会继续存在下去，于是尼俄柏作为“永远的戴罪者”活了下来。她无尽的痛苦证实了神话暴力的统治地位，而神的暴力则是“涤罪性的”（entsühnend），因为它本身就打断了罪责关联。由于它完全没有强权和统治的束缚，它也不是强加性的、驾驭性的、管理性的，即是说，它不是“调控性的”。因此，本雅明说它是“统辖性”（waltend）暴力。维持法律的暴力也被叫作“被统辖的暴力”。作为“统辖性”的神的暴力，于是成了一种脱离一切统治、一切调控者和调控手段、脱离一切经济、计算和技术的暴力。

尼俄柏传说受到了跟可拉一党同样的判决（神的暴力的典型例子）："这里针对的是特权之人，利未人，对其突然袭击，毫无预告，实施打击，毫不留情地毁灭。但是它同时又是赎罪性质的，不能忽视的是，在这种暴力中非流血和赎罪性之间存在一种深刻的关联。"[91] 神话暴力是立法性的。此外，它是负罪的、要求赎罪的，而神的暴力则是废除法律的、为人涤罪的。这种截然对立是有问题的。尼俄柏的传说无疑是关于权力和立法的。勒托女神的胜利确立了她的唯一权利，也就是拥有被人类崇拜的特权。这个胜利确定了人与神的区别。她的血腥暴力是立法性质的，划定了界限。神的暴力与神话暴力在本质上并没有什么不同。是可拉要造摩西的反。他的族人被上帝毁灭，这奠定了摩西的统治权。摩西利用这场杀戮成了名正言顺的统治者，他将灭族阐释为被遴选的标志，被选为距离上帝特别近的那个。这个唯一可以形象地证实纯粹的神的暴力的具体例子，却并不纯洁。跟神话暴力一样，神的暴力混杂着统治与强权。神的暴力最终不过是一个想象中的机关，被每一个统治者作为合法根基而据为己有。任何事后阐释，任何意义建构，都把它卷入神话暴力。

本雅明还提出了更多区分标志，不过同样存在纰漏。神话暴力是血腥的。[92] 那是一个“关于纯粹生活的血腥暴力”。神的暴力则是“杀人不见血”。在本雅明看来，血象征了每一种盘踞财产与权力的生活。神的暴力尽管是毁灭性的，然而它“只是相对的，会顾及财物、权利、生命之类，而绝不仅仅着眼于生者的灵魂”[93]。“灵魂”是一个纯洁的领域，它不依附于法律、权力和占有关系。法律作为一个不纯洁的统治手段，局限于血脉和纯粹的生命之内：“因为，一旦到了纯粹生命的范畴，法律对生者的统治也就结束了。”[94]

“教育的暴力”是“处于法律之外”的，因此本雅明将其简写为纯暴力（reine Gewalt），却还是无法让“灵魂”在其“业已完成的”、最纯粹的形式中安然无恙。因为一种完全独立于具体社会机制（Dispositiv）之外的教育是不存在的。而具体社会机制又与神话相毗邻。可以想象暴力的那种纯粹形式，“神话将其同法律杂交在一起”[95]。本雅明在此陷入了杂交的逻辑，而杂交不能抵御解构；即便存在一种纯粹的暴力，也不得显形。每一种可见性都会让暴力面临一个阐释，以制造神话，从而令暴力变得不纯粹。

循着本雅明的观点，阿甘本在法律中只看到了暴力。他将法律妖魔化，跟本雅明一样，退回到一个救世主的欲望空间（messianischer Sehnsuchtsraum），在那里“人类就像孩童摆弄废品一样与法律游戏”[96]。在他看来，法律与暴力之间的亲缘性只会在例外状态下才得以彰显，即现行法律退位、君主的立法暴力作为应急之策登台的时候。君主对例外状态做出决定，他是“暴力与法律之间那个不分彼此的点（Punkt der Ununterschiedenheit），是暴力向法律、法律向暴力过度的门槛”[97]。

依法而治（Verrechtlichung）总是通过空间化和场所化才能实现。赤裸裸的暴力并没有塑造空间或创立场所的能力，因为它缺少塑造空间的那种调和力量（Vermittlungskraft），所以它无法带来法律的空间。要塑造空间无需暴力，只要权力足矣。阿甘本并未在权力和暴力间做出区分。为了打开空间，暴力必须变成权力，否则它就在付诸实施之际烟消云散。暴力遭遇了一个排斥形式的“不”，而权力则顺“是”之势发展壮大。当权者得到的肯定越多，他的权力便越大。当权者的意志同服从者的意志分歧越小，其权力就越稳固。

一个真正的神性君主，其言语直接化为法律，亦能凭借一己之力创造出全体意志。他的意志直接转化为所有人的意志。因此，他无须借助暴力立法。他不会遭遇任何违逆，因为他是意志的创造者。他的威力因此既不是打击性的，也不是摧毁性的，而仅仅是创造性（hervorbringend）的。赤裸的暴力无法进行立法，它由于具有绝对排斥性而毫无影响力。即便是一种强行的屈服，也包含着一种肯定。总是可以用一个无畏的排斥来对抗暴力。绝对的排斥拒绝权力关系，也就是说，拒绝服从关系。法律也要借助一个准予性的“是”而获得其稳定性。因此，古罗马若遇到危急时刻，比如发动战争时，会在一个有限时间段任用独裁者，这些临危受命的独裁者组织对法律进行表决（尽管他们并没有那个义务），目的是巩固民众后盾，实际上就是为权力奠基。

政治服务于治理城邦（polis），按照亚里士多德所言，城邦“尽管是为了生存而建，但其持存却是为了好好地生活”[98]。从本质上说，法律和正义（dikaion）皆属于政治，二者皆有调解性，为共同生活带来幸福，推动公共福利的最大化。城邦远远不止于一个权力和统治实体。它恰恰是亚里士多德政治学的强势（而非弱点）所在，这套政治学不是为了统治而生。城邦的目标是“自治”（autarkeia）。人们聚集到一起，形成一个共同体，因为独自一人会有残缺之痛。一个政治共同体产生于一种缺失感，而不是来自权力和统治意志。一个人决定跟他人共同生活，目的是消除缺失感。政治尽管因活命和幸存而生，然而令之成其所是的，首先是对“美好生活”的关怀。

政治是调解。它还会超越法律秩序和正义之外进行调解。恰恰因此，亚里士多德赋予友谊一个重大意义。友谊比法律和正义的调和性更强。亚里士多德于是说，一个好的立法者要付出比实现正义更多的精力来守护友谊。跟法律相比，友谊在调控社会共同生活方面更加有效，首先更加远离暴力。所以，理想的政治动物（zoon politikon）得成为一个朋友：“假如公民彼此成为朋友，那么就不需要法律保护了；如果他们都是公正的，他们还是需要友谊的。”[99] 进一步说，政治就是行动，它采用的是调停和谅解等法外力量。友谊的政治里根本不会出现那种需要法律和仲裁的严峻情况。亚里士多德将友谊提升成为城邦的“最高财富”[100]。友谊于是成为政治的化身，因为共同体本身就是“友好之物”[101]。亚里士多德把友谊定位在一个根本的、存在意义的层面。城邦将友谊作为基础和存在条件而置于首位，因为友谊所表达的完全是“为共同生活而自由做出的决定”[102]。进一步说，政治性不是贯彻意志、施行统治，而是决策，是共同生活。[103]人的生活并不是在死亡的绝对权力面前束手无策才变成政治的。是决策，是共同生活，把人的存在变成了政治。[104]那种真正的共同体的政治思想，也就是决策和共同生活，既非权力，亦非暴力的灵魂之源。权力尽管以共同体为前提，不过说到底还是一种自我现象，也就是以自我为中心（ipsozentrisch），其意不在共同（*Zusammen*）。

阿甘本将法律和暴力毫无保留地合而为一。他甚至宣称："政治被法律感染。"[105]他还援引霍布斯来提出要求："关于真正政治活动的全部想象——缔结和约或者形成共识，从而将自然向城邦的转变明确坚定地表示出来——都应悉数叫停。"[106]阿甘本之所以会走到这一步，是因为曲解了霍布斯。霍布斯本人从和约出发思考政治。他将城邦定义为"一个人"，"由于同多数人缔结和约，他的意志被视作所有人的意志，从而可以把个人的力量和能力用于维护共同的和平康宁"[107]。在《利维坦》中，城邦也被描述成一个"人"，"每个个体都可以通过彼此缔结和约而成为行动的作者，旨在动用所有优势和辅助手段，来保卫共同的和平，这在他看来是天经地义"[108]。这样一来，臣仆本身就是君主的所有行动和判断的作者（*Autor*）。君主因此可以"不通过任何行动而让他的臣仆遭遇不公"[109]。最终，臣仆只是他自己，也就是说，他屈服于自己的意志，而这个意志同时也是所有人的意志。谁若抱怨君主不公正，那么就是在抱怨他自己创造的作品，也就是在抱怨自己。臣仆作为公民在君主身上看到了自己，并且在他的每个活动中都与自己相遇。真正的政治性恰好是针对这个“共同利益”的复杂调解结构。“城邦”（共和国）要感谢这个共同生活的政治决策。君主要保卫法律秩序，君主的暴力在霍布斯那里并不叫暴力，而是“公共权力”（common power）。政治权力对应的正是这种“公共”，是一个公共意志下的共同行动。暴力是非政治的。暴力不会制造任何正当性，而正当性是合法性即积极规范的前提。政治意志，即公共意志，是具有正当性的。正是这种公共性将权力与暴力区别开来。这与阿甘本的排斥模式是两回事。

阿甘本一直将君权称作“暴力”（violenza）是有问题的。这样一来，他便抹杀了公共权力和暴力在意思上的重要差别。他将权力简化为恶魔，令其靠近暴力。就连警署也被妖魔化了。警署是这样一个场所，“在那里暴力和法律之间的亲缘性，即骨子里的互通性（konstititive Vertauschung）一览无余”[110]。阿甘本让警署同君权场所合而为一，“暴力与法律在那个场所不分彼此，退回到远古发动战争的条件下，平民与士兵，民众与犯罪的统治者都被糅合在一起”[111]。在阿甘本看来，海湾战争中执行战争法相当于为警察行动做幌子，“没有义务去尊重任何法律规范”[112]。由于对法律进行了妖魔化，令其与暴力完全合体[113]，阿甘本没留下多少游戏空间给政治哲学。“地道的”政治是一种“交往真空”（kommunikative Leere）的政治，这种真空会自行制造出“说话的事实”（*factum loquendi*），语言的纯粹经验。交往真空本身就宣扬了交往性，通知行为的可告知性。阿甘本在此将说话的事实与复数的事实（*factum pluralitatis*）、共同体的事实联系起来：“因为人类首先要通告一个纯粹的可告知性，于是政治作为交往真空才大门洞开。”[114]

本雅明和施米特所生活的社会，是一个排斥性社会，以世界大战和敌友势不两立的免疫范式（immunologisches Paradigma）为特征。阿甘本则生活在后免疫社会（postimmunologische Gesellschaft），那里既没有了君权社会，也告别了规训社会。尽管已经有了这个关键的范式转变，阿甘本的思考还是一如既往地从诸如例外状态或绝罚等排斥模型（Figuren der Negativität）出发。不幸的是，这些模型被投射到了一个日益脱离排斥的扩张性社会上。这种投射令阿甘本完全看不到后免疫社会的问题。他置身于绩效社会，描述的却是君权社会。这就是他思想的历史错位之处。受这一错误所限，他探索的暴力总是一种基于排除和抑制的排斥性暴力。这样一来，他便忽略了表现为穷尽式和包容性的扩张性暴力，而扩张性暴力是绩效社会的标志特征。他一头扎进已然作古的排斥形式的世俗化样态（Säkularisierungsformen），因此全然无视扩张性的极端现象。当今的暴力毋宁说是基于共识的服从主义（*Konformismus des Konsenses*），而不是异议引发的反抗主义（*Antagonismus des Dissenses*）。因此，人们似乎可以用共识暴力（*Gewalt der Konsenses*）来反驳哈贝马斯。

阿甘本宣称例外状态已然成为常态，由此造成君权领域无限制扩张，乃至法律和暴力之间再无分别。然而，当今社会的危机并不在于此，而在于今天不再可能有任何例外状态了，一切都被同者的内在不变性（*Immanenz des Gleichen*）吞占了。“同者的地狱”[115]制造出暴力的特殊形式，这些形式摆脱了排斥性的暴力。

今天，政治本身扩张成为无需任何自治行动（das souveränische Handeln）的工作。这个工作对于压制它的力量和强迫不会提出任何质疑和反抗，因而它是积极扩张的。工作的扩张化无休止地延续着常态。作为工作的政治，缺乏任何超验的视野，也就看不到唯一可能性之外的东西。政治安静地躺在资本的固有空间，这个空间已经吞并了每一种超验、每一个外在。面对政治的扩张性，政治党派或意识形态越发失去分量。

政治的真空（politische Leere）被媒体营造的轰动事件填满。就连政治家们也转向了轰动事件制造的非政治化空间。媒体造势的对象，不是政治家的政治行动，而是他们的人格。

阿甘本沉迷于神学形象。他看到了他们在世俗化之后复归现代社会，于是他相信在当今的媒体中可以固定三位一体的统治维度："媒体在现代民主制中扮演了一个如此重要的角色……恰恰因为它们控制并分配着荣耀，那是权力带有的隆重和神圣侧面，那个在近代已几近消失的侧面。"[116] 他认为，今天的民主"完全建立在荣耀之上"，也就是说，"基于由媒体翻倍的、扩散的、超出任何想象的欢呼喝彩所带来的影响力"[117]。与阿甘本的观点相悖，当今的媒体占据着一个由轰动事件构成的非政治化、去神学化的空间。如其所说，它们制造出一种无主的荣耀（*Herrlichkeit ohne Herrschaft*）。就连作为工作的政治，也是在无统治、无荣耀的状态下展开的。为了显形，它把自己包裹在轰动事件的媒体外衣之下。它把一个政治的真空摧残成了一个轰动事件的政治，这个政治不会行动，不会告知或带来任何有价值的东西，而只会通告告知性，为了告知而告知。轰动事件的政治是一个交往真空的政治（*Politik der kommunikativen Leere*）。阿甘本的乌托邦公式，无告知内容的告知（*Mitteilbarkeit ohne Mittleitung*），变成了作为轰动事件的交往的真空公式（*Leerformel der Kommunikation*）。

统治与荣耀早已离开了政治领域，着陆在资本的内在空间。广告表现的是基督教礼拜唱诵的资本主义版本。赞颂新型产品的明星们，就是当今的天使。资本主义的赞歌制造出荣耀。那是统治的美丽表象，这个统治仅仅适用于资本。资本万岁的时代收获的欢呼喝彩，如今叫作消费。

暴力的宏观逻辑

宏观物理学意义上的暴力，在自我与他者、朋友与敌人、内在与外在的紧张关系中一展身手。它的核心在于对他者的排斥。渗透、入侵或传染乃是其发生作用的形式。这里，暴力表达为一种来自外部的冲击，它袭击了我，战胜了我，并且由此剥夺我的自由。它不经我的同意就强行进入我的内心。不过，并非任何陌生的外部冲击都是暴力。当我对它表示同意并把它纳入我的行动，也就是说，从我同它建立关系的那个时刻起，它就不再是暴力了。我在它面前表现得很自由。我肯定它是我自己的一部分。一旦这种内心化占领完全无法实现，我就经历了一种暴力。它接下来会强行进入我的内心并摧毁我的内心。假如暴力在没有成功潜入内心的前提下仍被吸纳，那么它就会形成一种内心投射，对我来说仍然是外在的东西。这种被封藏的创伤体验就是暴力，因为这种体验不能够像一个话题一样被讨论、描述、克服。

暴力不仅仅发生在人与人之间，所以有必要将暴力定形在内与外的排斥性紧张关系之中，从而能够领会和描述暴力的那些宏观物理形式，那些形式乃是在自我与他者的冲突性中间地带展开。可以将暴力描述为那种占统治地位却不被内心化之物造成的结果。暴力将内心置于一个外在之前，这个外在完全脱离内心的秩序和意义结构。构成外在的不单有一个他者的秩序和意义体系，还有对抗这种秩序的力量。假如内心没能成功制造出向外的连续性，没能将外在之物内心化，那么内心就会因外部的入侵而破碎。暴力是那个容不得任何调停和解的鸿沟。

权力塑造等级关系的连续性，而暴力则制造鸿沟和断裂。裂痕与等级制有别，一个是暴力恒定的结构特征，一个是权力的根本所在。等级制是一个连续性内部的落差，它是顾他的、连接的，与裂痕完全不同。权力总是以权力构造的方式组织自己，而暴力构造则是一个矛盾体，因为暴力将构造从接口处扯开。接合与支配是权力的特征，违反和侵犯则决定着暴力。无论权力还是暴力，都采用一种折服技术。权力折服异己，直到后者躬身顺从。暴力折服异己，直到后者粉身碎骨。

暴力剥夺其受害者任何行动的可能性，如此就把行动空间缩减为零。暴力对空间是摧毁性的。在这一点上，暴力也有别于权力。权力为行动留有空间。权力没有彻底排除行动和自由，而是将他者的自由为我所用，而暴力则摧毁他者的自由。服从者甚至可以按照掌权者的意志来设计自己，通过先行服从（vorauseilender Gehorsam）把我的意志变成他的意志。我的意志先让他的意志诞生，这样一来，进入他者自由（Freiheit des Anderen）的通道就不是暴力和施暴，而是引导和诱导。

无论暴力还是权力，皆是用来摆平引起不安的差异性以及他者身上自由忤逆的策略。自我（Ego）的权力导致他我（Alter）的屈服。他我放弃了它的差异性，因为差异性令自我感到不安，岌岌可危。自我借助权力在他我之中延续。权力于是成了一种能力，变同他者的关系为同自己的关系即自我关系的能力，也就是说，纵你如何，我仍是我。这种自我的连续性减少了由他者的差异性所引发的不安。权力是一个关系词，尽管将他者的差异性最小化，却并没有完全将他我排除在外，他我其实一直包含在自我的行动之中。与之相反，暴力不是一个关系词，它将他者毁灭。

无论暴力还是权力，都无法让他者安之若素。它们都在尝试摆平他者的差异性。就连爱也缺少自由，无法对他者泰然处之。显然，海德格尔在定义爱时，脑海里呈现的是另一种爱："很可能是爱最深刻的定义，在奥古斯丁那里叫作'我爱你，愿你保持原样'。

爱是更深意义上的使存在（Seinlassen），与之相应，它召唤本质。”[118] 爱是“一个人给另一个人最深的自由”[119]。意愿的意向性，却赋予这种爱以矛盾性和含糊性。因此，阿伦特的怀疑不无道理：“‘愿你保持原样’也可以表示，我想要你成为你原本的样子，想要你行你的本性——那么就不是爱，而是藏在借口之下的统治欲，把他者的本性变成了自我意志的对象。”[120] 这一解读非常接近奥古斯丁的另一表述：“你在另一个人身上所爱的不是他所是的样子，而是你想要他是的样子。”[121] 我想要你成为你原本的样子，并不是“统治欲”。然而，爱首先要基于一个主人的豁达。只有在一个等级关系中，才可能有爱，如上帝与人或者父与子。因此，爱不是完全脱离权力的。对称和垂直标识出爱情的模样。奥古斯丁这样描述父亲对儿子的爱：“我认为，如果你爱你的儿子，那么你想要他们成为你想要的样子；如果你不想要他们那样，你就不爱他们。”[122] 意愿的意向性将爱置于自我专政（das Ich-

Regime）之下，它令爱无法对他者的自由泰然处之，友善以对。只有当意愿自我克制，他者才能重获自由，回归本色。给他者的“最内在的”自由，还不是（只在友谊中才能达到的）给他者最外在的自由。无论是爱还是友谊，都处于自我专政之下。因此，友谊在亚里士多德看来是一个“第二自我”（allos autos）。[123] 亚里士多德说，“友谊的最高层次”等同于“人对自己所拥有的”爱。[124] 即便友谊也没有超越自我专政，无论暴力还是爱，都受到自我专政的支配。阿喀琉斯对彭忒西勒亚说：“纵然爱情之力让我从属于你，而且我也永将甘受这一束缚；但是论战事胜负你则属于我；杰出的女人哪，我们交战时，是你拜倒在我脚下，而非相反。”[125]

权力是一个行动媒介。它就像一个闸门，负责操纵或加速行动。行动于是因为服从者刻不容缓地接受并执行掌权者的决定而被加速。暴力则不然，它不是行动媒介。尽管可以作为径直达到特定目的的手段，但是，暴力首先关心的并不是操纵或影响行动。由于权力是一个行动媒介，它也可以用于建构。暴力本身则是解构的。只有当人们有意把暴力变为权力时，它才是创造性的。在这里，暴力和权力二者就好比手段和目的。暴力反对他者存在，它不会遵循任何内心世界的目的，它在毁灭行动中耗尽自己。一个绝对解构的权力则是一个悖论。权力总是拥有一个建构性的内核。权力在工作，在组织和拟定它的作用空间，它制造规范、结构和机关，它制定一种象征性的秩序。与权力不同，暴力并不工作，组织或统辖并非暴力的本质特征，所以它是解—构的。尼采看出了令权力有别于暴力的这种特殊的意向性："权势感首先是占领式的，然后是统治（组织）式的——它为了自己的持存而管理战败者，此外还要自己保留战败者。"[126]权力首先不是解构或摧毁性的，相反，它是"组织性的"。组织意味着连接和调解，把服从者放在一个靠权力组建的空间里。这个空间可以令统治稳定而持久。

针对掌权者的屡次揭竿而起，就是权力流失的证明。恰恰由于权力流失，掌权者才诉诸暴力。诉诸暴力就是背水一战，好让失势（Ohnmacht）转化为得势。真正得势的掌权者，并不是靠轮番上演暴力威慑。人们当然可以靠暴力获取权力，然而，以暴力强取的权力是脆弱的，很快就崩裂，而且正是拜暴力引发的裂痕所赐。认为权力建立在暴力基础上是错误的。暴力的意向性不同于权力。可以想象一个完全不属于权力事件的暴力事件。由仇恨引发屠杀异己，是一种通过消灭他者存在而耗尽自身的暴力。这种杀戮并不旨在统治他者。倘若你仅仅从权力出发看待暴力，那么就看不到暴力的本质；倘若你仅仅将权力视为暴力，那么就看不到权力特殊的意向性。

权力是一种将自我和他我彼此连接的关系（Beziehung）。权力的发挥是象征性的，也就是说，是关联性的、聚合性的（*sym-ballein*）。[127] 然而权力还可以具有一种恶毒形式。权力的恶毒化会导致它表现出压迫性和破坏性、间离性和排他性。如果你仅仅看到权力的恶毒性，那么你就看不到它的象征性，也就是它具有创造性的一面。然而，暴力并不是具有象征意义的媒介，其本性就是残忍的，即挑拨离间的。由于权力具有象征性维度，它可以制造出许多象征物，赋予权力以口才和雄辩。暴力则由于其恶毒性而缺乏象征，语言干瘪。

权力的增长就是空间的增长。战争的胜利会导致空间上的收益。帝国是一个权力的领域，帝国的大小则等于权力所及之处（Be-reich）[1]。空间的增长不仅仅发生在疆域层面，而且还发生在人际层面。掌权者通过在服从者身上继续自己的权力而凌驾其上。掌权者的魂灵所达到的疆域则由其权力影响范围决定。他与其所占领的空间一同外扩。这种权力的拓扑学解释了为什么掌权者的整体权力流失体现为丧失空间。掌权

1 此处是作者的一个文字游戏：帝国在德语中写作 Reich，名词领域 Bereich 在这里被有意分开写作 Be-reich，形容词 reich 则为富有之意，reicht 是动词达到、及至的意思。

者的身体与他的权力范围一样大，丧失权力的同时，他的身体也就萎缩到了他那小小的血肉之躯里。

权力塑造空间，争取空间，而暴力摧毁空间，只留下真空。暴力是排空式的、去内心化的。权力则表现为内心化和浓稠化。权力空间也是语言空间，所以充满象征、符号和意义。谁若想要毁灭一个权力空间、一个权力体，那么首先就要剥夺其语言。因此，在哈特曼·封·奥尔的《埃雷克》中，被俘的骑士卡多克作为宫廷权力和统治秩序的化身，被巨人剥了衣服，剥了皮。权力是一个形式原则，而暴力则破坏形式。权力通过廓清区别与界限来创立某种秩序，而暴力则是去除界限的。权力制定尺度，暴力则反其道而行之。暴力是没有尺度的。因此，那些逾越现行尺度的事物都是残暴的。

暴力总是作为内在性的载体。击碎一块石头还不算暴力。拥有内在性的不仅仅是人，还有共同体或者体系。他们都具有一种自我中心的努力方向，即自我安放（Selbst-*Setzung*）。作为来自外界的破坏性入侵，暴力是去内心化的，它使得那个安放的自我（das *sich setzende* Selbst）惊慌，因而它如此令人不安（ent-setzlich）。在安置的同时，总是存在着撤销（Ent-Setzung）的可能。与暴力相反，权力并不是引发不安的，因为它是安置性的。连续性、内心化和安置，决定了权力事件。断续性、去内心化、制造不安，则是暴力永恒的结构特性。无论是宏观物理暴力还是权力，都是一种排斥现象。因此，内与外、自我与陌生之间的对立紧张对它们具有至关重要的意义。

在社会的积极扩张进程中，权力作为社会免疫媒介日渐式微。君主制下的那种表现为杀戮和斩首暴力的权力，早已落进了历史尘埃。无论政治还是经济组织，如今都在逐渐拆除等级制结构。不再有政治的主流媒体来展现权力。政治行动日益对自己去英雄化、去戏剧化、去意识形态化，成为一个由专家和委员会来接管的多样性的家政事务。社会的日益扩张化，还令每一种暴力形式，无论生理的还是心理的，皆令人发指。然而这并不意味着暴力的终结，因为暴力不只产生于对他者的排斥，而且还来自过剩的扩张。扩张导致的暴力不是剥离性的，而是饱和性的；不是执行式的，而是穷尽式的；不是基于社会排斥，而是基于逆城市化；它的表现不是镇压，而是抑制。

渗透、入侵或感染，是宏观物理暴力的运作方式。它们有一个共同的前提，就是在自己和陌生者之间做出明确的免疫式划分。由于缺乏排斥性，微观物理暴力展现出一种完全不同的拓扑学和病理形态。取代感染的是梗阻。宏观物理暴力表现为外露的、爆发的、明确的、冲动的、扩散的，而微观物理暴力则表现为含蓄而内爆式的。

宏观物理暴力将主体去内在化，是通过强行进入主体的内在并扼杀之。外在毁掉了内在，而微观物理暴力则通过过剩的扩张将主体解散，从而完成对它的去内在化。诸如酒精依赖症（ADS）或多动症（ADHS）等生理疾病，就可能是这种解构式驱散的后果。毁灭和解散不是一回事。解散没有对他者的排斥，它可以追溯到相似性过多上来。具有解散力的事物，皆为内心世界之事、内在固有之事，这些事物强行进入感知。宏观物理暴力是分立的、排他的，相反，微观物理暴力则是叠加的、包罗的。另则，宏观物理暴力摧毁了任何行动的可能，其受害者遭遇极端的被动；而微观物理暴力则来自过剩的积极扩张，这种过剩表现为多动性。

暴力的宏观逻辑遵循免疫模式。暴力来自免疫的他者，这个他者钻进自我并且排斥它。因此，自我一旦不排斥他者，就会死在来自他者的排斥性上。免疫性的防卫在排斥之排斥（否定之否定）中展开。作为免疫公式的排斥之排斥，生成了自由。当今社会并不是免疫性的，他者制造不出如此巨大的排斥性张力。他丧失了任何引发剧烈免疫反应的那种冲击力。然而，敌人，按照施米特的说法干脆就是他者，如今扩张成了竞争者。每一种免疫反应都是对差异性的反应。萨特的他人即地狱只能在一个免疫性的时代才可想象。如今，差异性总是让位于可消费的差异，后者不会产生免疫反应。这里缺少差异性的刺激，也就不会带来距离的免疫反应。就连陌生事物也会积极化为异域风格的他者，这个他者不同于免疫的他者，不会引发免疫反应。与暴力的宏观逻辑相反，其微观逻辑并不遵循免疫模式。暴力的微观逻辑是一个相似性逻辑。

当今社会的普遍杂交与免疫性他者的缺席，二者相互决定。杂交意味着混合。杂交用缺失的免疫反应来应对他者。就连杂交这个当今典型的生存感觉，也与免疫性背道而驰。免疫的神经过敏症不容任何杂交。全球化迫使免疫阈值降低。因为，一个针对他者的强烈免疫反应会阻碍全球化进程——这个进程就是过度解除疆域和剔除障碍。没有了排斥性，扩张性暴力在相似性空间里蓬勃壮大。没有了排斥性，积极性就肆意增生；由于其内在天性，这种增生不会遭遇任何免疫抵抗。这是一种同质化的恐怖（*Terror des Gleichen*）。

第二部

暴力的微观物理学

系统性的暴力

暴力行为发生的场合（*Situation*），通常源于一个系统（*System*），所以暴力的清晰表现形式可追溯到隐性结构上。那些结构尽管建立并巩固了一个统治秩序，但却遁形于人的视线之外。加尔通（John Galtung）的“结构性暴力”理论也是以假设暴力在结构上具有可调解性为基础的。嵌入社会系统的结构皆负责让不公正的状况持续存在下去。它们不动声色地确定了不平等的权力关系，从而也就确定了不平等的生活机会。[1] 基于其不可见性，暴力的受害者对统治关系浑然不觉。这就是其功效所在。

加尔通的思考基于一个十分宽泛的暴力概念：

“当人们实际的肉体和精神实现小于其潜在实现，暴力就登场了。”[2]结构性暴力的关键在于排斥性的缺失，这样一来就阻碍了资源和机会的公平分配。这一暴力概念过于泛泛，乃至不能够把握暴力的威力究竟有多大，也就是暴力同其他排斥性的社会状况到底有何区别。工人阶级子女比上层社会子女接受教育的机会要少，这尚不算暴力，而是不公正。假如暴力没有边界而成为进入普遍社会排斥性的密码，那么其概念特征就完全模糊了。

加尔通的暴力概念首先并没有解释权力和暴力的区别，于是他将暴力追溯到等级制和级别秩序上来，这些正是权力和统治关系建立的基础。被压迫者“是无权的，因为结构剥夺其组织权力和有效对抗‘优势者’（topdog）的可能性”[3]。社会结构根本就不容许产生反抗。这样一来，你一定会就地取材地说，实施统治也可以不依赖暴力。结构性暴力并不是严格意义上的暴力。相反，它是一种统治技艺。它令一个暗中进行的统治成为可能，这样的统治远比暴力统治有效得多。

布迪厄的“象征性暴力”也是包含于社会系统内部的。这种暴力以习以为常的感知和行为模式为特征，这些模式被坦然接受、不断复制。人们通过习惯成自然而肯定并继续推行这种统治关系。日常已经成了对现存统治关系的肯定。象征性暴力负责在不耗费任何物理暴力的条件下维持统治。此处对统治的拥护并不是有意识的，而是反射性的、预反射性的。象征性暴力把人们对存在的理解同对统治者的首肯合而为一。它十分有效地巩固了统治关系，因为它令其显得自然而然，显得天经地义，不容置疑。

布迪厄也并未打算在权力和暴力之间做出明确区分。他几乎把权力和暴力当成了近义词：“一切权力都有一个象征性维度：它必须从被统治者那里得到一个肯定的形式，它的基础不是一个被启蒙的意识做出的自由抉择，而是被社会化了的身体做出的直接的、预反射性的屈服。”[4]尽管权力和暴力之间有相近性，但是二者在骨子里是有别的。恰恰是权力的象征性维度导致即便不假以暴力也可以实施统治。统治越是在象征层面生成预反射性的肯定，它就越不需要倚仗公然的暴力。相反，如果没有了任何令统治寻常化、自动化的象征性调解行为，那么就不得不采取大规模暴力和强制手段来勉强维持统治。

无论是结构性暴力还是象征性暴力，都以统治关系、不同阶级的等级对立关系为前提。这些暴力由统治者向被统治阶级、掌权者向服从者、“优势者”向“劣势者”施加。施害者与受害者在这里泾渭分明。一个来自外界的剥削油然而生，它把象征—结构性暴力变成了一种排斥性暴力，其受害者被置于一种外来强制力之下。这种强制力尽管被内心化了，但始终是一种外在强制。

被齐泽克称作“客观暴力”之物，几乎就等同于象征—结构性暴力。齐泽克甚至谈到“社会—象征性暴力”，将意识形态转变为一个自然事件，人们在做出每一次有意识的决定之前都对之予以赞同：“相应的内容适合暴力。社会—象征性暴力的纯粹表现形式乃是它的反面，是我们赖以生存的环境的自发性，是我们赖以呼吸的空气。”[5] 它制造出“维持统治和剥削关系的强制力的微妙形式”[6]。这里说的是一种系统内在的暴力，它先于公开的暴力行为而存在，却是肉眼无法看见的。它由统治者向被统治阶级施加，所以它是一种排斥性的暴力。它包含在“全球化资本主义的社会条件”之中，并且会导致“无家可归者和失业者成为可被排除、可被放弃的个体”[7]。按照齐泽克的观点，系统内在暴力的受害者就是阿甘本的神圣人（*homines sacri*）。针对新奥尔良的暴力冲突事件，他曾写道：“世界警察美国，这个星球上的和平、自由和民主一旦受到威胁就会跳出来，已经丧失了对本国的部分控制。新奥尔良在几天之内就变成了一片蛮荒丛林，上演着杀人越货和强奸行径。这里变成了一座死亡之城，一片世界末日过后的死亡地带，里面住着的是哲学家吉奥乔·阿甘本所说的神圣人——被排除在文明秩序之外的人类。”[8]

齐泽克在他的暴力理论中紧扣排斥模式，从而建立起一道排斥和隔离的高墙：“生活相对殷实的圈中人，与那些一直被排除在这个圈子之外的人之间，张开了一道深刻的鸿沟。”[9]这种暴力的受害者不仅仅是小康生活圈之外的那些食不果腹的神圣人，而且还包括特定的社会群体，如少数民族或失业者。齐泽克认为，这种西方的社会体系制造出了一种“巨大的压力”，强迫“我们的自由女性”，“去做外科美容手术、整形移植或注射肉毒杆菌，目的是在自由的性爱交易市场保持竞争力”[10]。因此，西方社会同非洲社会并无本质区别。一个是女性自愿忍受美容手术之苦，另一个则是女性凌受外阴割礼之辱。

按照齐泽克的观点，“客观暴力”维持着统治关系和剥削关系。这里的剥削是一种外部剥削。齐泽克避开了那种无需统治便可发生的系统暴力，那种暴力会导致一种自我剥削——一种不仅仅关乎社会的某个部分而且牵连社会整体的暴力。西方的绩效社会制造出一种强制力，受到压迫的不仅是女性或工人阶级，而且还包括所有社会成员。与齐泽克的观点相应，当今为了获得市场竞争力而做美容手术的不仅有女性，还有男性。对身体进行优化的强迫行为，毫无例外地席卷了所有人。于是，这种强迫不仅仅制造出阴蒂僵尸、硅胶僵尸、美女僵尸，而且还有肌肉僵尸、兴奋剂僵尸、健身僵尸。绩效社会是个兴奋剂社会，这里没有阶级之别和性别之分。无论是“优胜者”还是“劣势者”，都被囊括在绩效和优化的强制力之下。社会所有成员都遭受着精疲力竭。今天，我们所有人都变成了绩效僵尸和健康僵尸。这个系统社会的受害者不仅有被排除在外的神圣人，而且还有被吸收在系统内的绩效主体，比如君主：作为自己的企业主，他是万人之上，但他的自由仅限于此，他同时也是自己的神圣人（*Homo sacer seiner selbst*）。系统暴力并非排除式暴力。相反，它把所有人都囊括在内，变成系统内的囚犯，这个体系强迫他们进行自我剥削。

无论是布迪厄的“象征性暴力”还是加尔通的“结构性暴力”，都有别于系统性暴力。系统性暴力涉及一个社会系统的所有成员，一视同仁地变其为受害者，因此不以阶级对立和上下等级关系为前提条件。这种暴力的产生无需敌对和统治关系。其主体既不是掌权的人，也不是统治阶级，而是系统本身。因此，它没有那种用于压迫或剥削的行为主体。

系统暴力作为积极的扩张性暴力完全没有阻止、拒绝、禁止、排斥或抽离等排斥性。它表现为商品化的过剩、超量、城市化的扩张、耗竭、生产过剩、过度囤积、交往过度、信息过剩。由于它具有扩张性，人们也不会感知到它是一种暴力。导致暴力的不仅有匮乏，还有过剩，不仅有不允许的排斥性，还有无所不能的扩张性。

今天，人们越发用身体的放松来应对过剩的相似性，应对过度的扩张性，结果形成了一种心理上的贪食症。它不是对排斥性的免疫式回答，因为免疫系统对过剩的相似性根本就不感兴趣。扩张性暴力可能比排斥性暴力更加致命。诸如抑郁症、衰竭等神经元损伤，都是对统治者拒绝和排斥的标志。这里，剥削者和被剥削者的界限消失了。不仅“劣势者”要遭受衰竭，“优胜者”也一样。受害者同时也是系统中的共犯。受害者与施害者难以区别，而施害者则负责系统的顺畅运转。暴力是指向自身的，因为人们在自我剥削，施害者同时也是受害者。

权力的微观物理学

福柯的权力理论的核心观点是：自17世纪以来，权力不再表现为君主掌握生杀大权，而是规训权力（Disziplinarmacht）和生命权力（Biomacht）。君主的权力是剑的权力（Macht des Schwertes），直指死亡。它的最高形式在于“强占生命的优先权，从而毁灭生命”[11]。规训权力则不然，它的任务是“对被压迫力量进行煽动、强化、控制、监视、提升和组织”。它旨在“制造力量、让其生长、对其统筹，而不是抑制、压迫或消灭之”[12]。它不是君主的生杀权力，而是生命权力，其“最高功能不在于杀戮，而在于完整地实现生命”[13]。旧时的屠杀大权，让位给“对身体的精心管理”和“对生命的精细计划”[14]。规训权力让身体在一个由清规戒律组成的系统里忙得不亦乐乎，而不是对其施加折磨。

规训权力会钻入身体和灵魂最微小的角落，并在那里生根发芽。君主权力则没有规训权力那种深入骨髓的入侵。福柯的“权力的微观物理学”描述了以下权力步骤，即制造规范和习惯而不是制造痛苦和死亡，“做出鉴定、测量、评估、评级，而不是瞬间发作”[15]。这种暴力“以规范为中心要求主体，从而令主体向规范看齐”。那是一种规范化权力，它掩藏了自己作为权力的一面，而以社会的面貌示人。规范化社会是“生活权术的历史效应”。这种权术发现了“人口”并且以“生物权力”的面目登场亮相：“对繁衍后代、出生率和死亡率、健康水平、寿命、长寿和它们所涉及的所有不同条件采取措施，进行调控：这就是人口的生物—政治。”[16]

死亡权力的主体得到了明确定义，那是上帝一般的君主。可谁又是规训权力与生命权力的主体呢？谁是统治者？生命或生命权力究竟是不是权力的本义？持续向前的工业化[17]必然要求身体和灵魂都循规蹈矩，以令其适应机器工业生产的条件；然而这种规训技术囊括了整个生命领域，与权力和统治技术不是一回事。实际上，福柯描述的并非一个新的权力形式，而是一个新的社会形式，也就是规训型社会，只是它没有显现出任何权力形式和统治形式。这样的话也就无法对君主权力和规训技术直接采取权力多寡的对比。规训技术并不是权力和统治的直白表达，而是一种普遍的社会实践。规训型社会管制的不仅仅是权力结构底层的人，而且是所有社会成员、社会的所有阶层，上至主人下至奴仆，无一例外。生命政治也同样不是一种权力政治。无论是“让人口增长同资本增长相协调”还是“让人口增加适应生产力扩张”[18]，都不是真正意义上的权力和统治实践。

在现代社会，权力发生了扩散或分散，也就是权力本身日益遭到剥夺。[19]它显然引导福柯，“非主观地”、单纯从结构上将权力本身定义为“使一个地区有人口居住并组织这个地区活动的力量比例的多样性”[20]。他尝试脱离“普遍统治体系”去思考权力。这个普遍统治体系“是通过一个元素或者一个群体对抗另一个的敌对关系形成的，它在逐渐两极分化的过程中渗透了整个社会机体”[21]。然而，若置身每一种统治关系、每一种等级制社会秩序之外去思考权力，是完全不可能的事。另则，权力必然以一种主观性、一个主体意向性为前提。权力以此区别于力量或力量对比。福柯看到的显然是一个去主观性的权力关系：“权力关系既是意向性的，同时又不是主观的。”[22]非主观的意向性是一个悖论。只是到后来，福柯才认识到他的纯粹结构性暴力概念的弱点所在，重又把主观性引入了权力关系中：“只有一方向另一方施加的才算权力。即便权力得靠永恒不变的结构支撑以便能影响到分散的可能性领域，它也只能在动态中（in actu）存在。”[23] 权力建立固定的结构，目的是让自己稳定或是在分散的可能性领域中占有一席之地。但它并不混杂在这些结构中，它们不过是权力的媒介。

福柯指出，战争自19世纪以来的血腥程度史无前例，那可怕的杀戮暴力能以那样的兴奋和玩世不恭，超越一切界限扩张开来，正是“因为它仅仅表达为一种积极生命力的配合元素，而这种生命力将生命握在手中来提升它，使它更多元化，以便能够逐个掌控并从整体上调控”[24]。他认为，战争不再以君主的名义进行，而是“因所有人之名而存在”，也就是说，因所有“民众”（population）或“居民”（habitants）之名：“正是作为生命和幸存生命的管理者、身体和种族的掌控者，才有那么多政府在那么多战争中让那么多人丧生。……原本‘为活命而杀戮’的交战准则，而今已经成为国家之间的战略原则：不过岌岌可危的却不再是君主的司法权力，而是一群民众的血肉之躯（die biologische Existenz）。”[25] 打着“国家”或“人民”旗号的战争，就是“以让所有人活命为名”的战争。它比以君主之名发动的战争诉诸更多的杀戮暴力。但这种针对其他国家的杀戮暴力不包含那种以“完全实现生命”为目标的“积极的生命力”。

福柯显然缺乏对暴力的感知力。因此，他将拷问（Folter）仅仅视作产生真相的过程[26]，而无视它所包含的暴力和情欲经济学（Ökonomie der Gewalt und Lust）。引发自杀的暴力也不在他的思考范围。他继而指出，自杀“一度是犯罪，因为它把只属于君主的生杀大权抢到了自己手里”，在一个“以政治权管理生命的社会中”进入了社会学分析的领域。在这里自杀被他理解成一个自然事件，因为“很常见、持续发生”而没必要特别关注。[27] 因此，他不去研究在所谓规训型社会中急剧增长的针对自身的暴力。它恰好体现了福柯没有说明的规训型社会所内含的暴力结构。

在《神圣人》的导论中，阿甘本提出一个“值得注意的情况”：“福柯在他的研究中竟然从未涉及现代生命政治的领域——集中营和20世纪极权大国的结构。”[28]阿甘本将这个“奇怪的状况”归咎于福柯的早逝，认为是死亡阻止了福柯去发掘生命政治构想的所有隐含意义，令他无法指明本可深入的研究方向。阿甘本没有看到，福柯所构建的生命科学理论让他领会不了集中营的杀戮暴力。这种理论忽略了监狱和集中营的区别。监狱是一个建构性元素、一个规训型社会的地点。与此相反，集中营是一个非地（Ab-Ort）。福柯的生命政治致力于“谨慎小心地管理身体”和“精打细算地计划生命”，它无法解释作为“非地”的集中营。集中营的杀戮暴力和生命政治的经济学背道而驰，后者在于“完全实现生命”。

福柯的《规训与惩罚》以下面的文字结束：“在

这种核心的、核心化的人性中，即在复杂的权力关系的效果和工具中，身体和力量臣服于各种‘监禁设备’，并因为本身是战略元素的话语而客体化。这种人性让人不得不被卷入战场的喧嚣。”[29]福柯的规训型社会由监狱、医院、兵营和工厂组成，它无法反映今天的社会。他所描述的社会早就被一个由玻璃办公室塔楼、购物中心、健身中心、瑜伽馆和美容医院组成的社会所取代。21 世纪的社会不是规训型社会，而是绩效社会。规训型社会的高墙在这里显得过于原始。这些高墙属于一个排斥性社会，那是由清规戒律所决定的社会。

顺从的主体是听命于其统治机构，后者将前者剥削殆尽。福柯所说的君主权力中的“抽取利润”（Abschöpfung）是一种对他者的剥削。和顺从的主体相反，绩效主体是自由的，因为它不服从于任何人。决定其心理状态的不是义务，而是能力。它必须是自己的主人。不是清规和戒律，而是自由和主动性

（Initiative）决定了它的存在。绩效命令要求将自由转化成强迫。不再是剥削他者，而是剥削自我。绩效主体剥削自己，直至它完全崩溃。暴力和自由在这里合而为一。因此，暴力成为一种对自己的暴力，剥削者就是被剥削者，施害者同时也是受害者。过劳症是这种悖论性自由的病理学表现。

因此，扩张性暴力比排斥性暴力更为阴毒，因为前者以自由的面目示人。这种“战斗的雷霆万钧”虽然和其他战争一样，都不是默不作声的，但却是发自一场既无人统率也没有敌人的独角戏。人们和自己打仗，对自己施暴。这轰鸣不再是规训型社会的监禁设施，而是绩效主体的灵魂。这种新型监狱吊诡地叫作自由。它像一个劳动营，里面的人既是囚犯，同时又是看守。

君主制度下的前现代社会里有砍头的暴力。它的介质是血。现代规训型社会仍旧是排斥性社会。控制它的是规训的强迫暴力，也就是“社会的矫形手术”，其暴力形式就是塑形。可是，无论砍头还是塑形都不能描述后现代的绩效社会。控制它的是将自由和强迫熔为一炉的扩张性暴力，它的病理表现便是抑郁。

扩张性的暴力

宗教大约是一种排斥性的系统，用它的清规戒律和仪式来对抗肆意蔓延的扩张性（Wucherung des Positiven），让清晰的符号和空间伴随充满张力的语意和气氛而生。这样它就使社会系统的熵维持在较低水平。然而，今天仍在持续进行的解放、反干预、去界限和去仪式化等狂欢活动，却在大规模消除着排斥性。排斥性的消失造成了过量的扩张性，即一种遍地杂交、居民迁徙过度频繁、消费过度、交流过度、信息过剩和生产过剩。

大规模的扩张性引发循环系统的堵塞和脂肪积聚，导致身体系统的梗阻。从某一刻起，信息不再传递信息、生产不再有产出、交流不再具有交际性。一切的增长蔓延都远远超出其目标、预设，也就是超出其合理的使用范围。因此，鲍德里亚写道："不断制造扩张状态，导致了可怕的后果。如果说排斥性会导致危机和批判，那么过度的扩张性则会引发灾难……所有对自身排斥性元素进行迫害、排除、驱赶的结构，都适得其反，濒临险境。这就好比，所有对自身生殖细胞、细菌、寄生虫和天敌进行迫害和消灭的有机生物体，都会面临肿瘤转移和罹患癌症的危险，即一种吞噬自身细胞的扩张性，或者被自身的闲散抗体所吞噬的病毒性风险（das virale Risiko）。谁若剔除掉自身受排挤的部分，谁就必死无疑。这就是受排挤原理。"[30] 在这里，鲍德里亚遵循了压抑（Verdrängung）和重复（Wiederkehr）的传统模式，而这是有问题的。排除他者或者排除被自身排挤的部分，造就出另一种另类。文中假设，扩张性的无菌空间消灭了所有免疫系统对另类的排斥性，发展出另一种细菌形式，一种新病：“靠同类而生者，必然死于同类。另类的缺席，分离了那些无法捉摸的另一种另类，绝对另类的病毒。…… 同类的幽灵又增加了。在强行趋同、在剔除差异之中……存在着乱伦的病毒，那是一种魔鬼般的他者……它是邪恶原则在另一种形态下的起死回生。”[31] 鲍德里亚接着说：医药学没有理解由乱伦病毒导致的新病，所以才会像治疗传统疾病一样去治疗癌症和艾滋病，而它们其实恰恰来自成功的预防；这里所说的病，是疾病消失之后、病理形态消失之后的结果，这些病症任何从前的药物治疗都医治不了。书中的原话是：“那些早前药物治疗无法企及的第三种形式的病。”[32]

行文至此，鲍德里亚的病毒理论已失去了正确的论证逻辑，因为艾滋病毒从根本上与其他病毒并无不同。它像每种病毒一样具有免疫他者的排斥性。这样的话，它原则上就可能去抵抗带有抗体的病菌。治愈意味着对排斥性具有了免疫意义的排斥。即使癌症也不是由于自体免疫系统而致命，不是如鲍德里亚所假设的有机体在自体免疫系统中被自身的“闲散”抗体摧毁。癌细胞是变异成他者的自体细胞，也因此成为免疫系统抵御的对象。就算计算机病毒也是以抗病毒软件所抵抗的排斥性为前提的。也就是说，病毒性暴力，不管是艾滋、癌症的病毒，还是电脑病毒，都是一种排斥性的暴力。然而，当今时代并不是病毒的时代。它的主流疾病不是病毒或者病菌感染，而是诸如精疲力竭、多动或者抑郁等心理疾病。这些疾病不是源于病毒的排斥性，而是源于过度的扩张性，即扩张性的暴力。

鲍德里亚并未阐释扩张性的病理，这是因为他一直坚持免疫模式：“如此大谈特谈免疫、抗体、内脏移植和咳出物，并非偶然。物质匮乏时期关注的是吸收和同化，物质极大丰富时考虑的问题则是拒绝和排除。泛化的交流和过量的信息威胁到整个人类的免疫力。”[33] 无节制的过量生产、过量绩效、过度消费和过度交际，威胁到的不是免疫系统，而是心理神经系统。扩张性的病理和免疫系统无关。针对系统肥胖症，不存在免疫反应。如果有脂肪的话，它能被逐渐减少，但不能被完全排除（*abgestoßen*）。由于同类具有扩张性，不能产生抗体。面对同类的暴力，增强抵抗力是没有意义的。那些抵抗力只是抵抗异类。需要区别的还有免疫和非免疫排除行为。如此看来，由于恶心被视作异类，它就成了一种免疫反应。过多的同类虽然也会引起呕吐，但那并不是免疫性抵抗，而是一种消化—心理层面的发泄释放（*Abreaktion*）。

在一次《明镜周刊》的采访中，鲍德里亚提醒要注意战争形式的变化："不再有前线和分界线了。文化抵抗的敌人正位于文化的心脏。如果非要这么说的话，这就是第四次世界大战：不再是民族、国家、系统和意识形态……之间的战争。"[34] 鲍德里亚没有认识到，今天的新型世界大战没有敌人却仍需投入战斗。这其实是同自己打仗。由于缺乏敌对的排斥性力量，这场战争是一场内战。摧毁者被毁，打人者被打，赢家同时也是输家。就此而言，这场战争完全缺乏可见性和公开性，因为它显示的是和平的样子。这是没有胜者的战争。没有哪个党派能赢，有的只是全球范围的崩溃，这场没有敌人的战争将会以全球性精疲力竭而告终。整个系统过热导致内部爆炸。起作用的是一种内爆的暴力，它不同于外力引爆的暴力；后者是诸如帝国主义的暴力或传统战争的暴力，它寻求扩张和占领新的领土。引爆的暴力是向外施压的，而在内爆的暴力中，因为没有外部环境，压力是朝向内部的。它在内部产生破坏性张力和强制力，引起整个系统的梗阻。气候和环境污染的灾难也是一种系统过热。绩效主体的精疲力竭，是系统濒于自爆的病理前兆。

按照鲍德里亚的敌对关系谱系学，敌人在第一阶段是狼。它是一个“外敌，他发动攻击，人们得建造防御工事，筑墙以自卫”[35]。在这个谱系中接下来的阶段里，敌人越发失去其冲击力和可见性，缩小并隐藏了起来。这样它就来到了第二阶段，变成了老鼠：它在地下行动，因此必须采取另一种防御策略来对付它。墙壁和篱笆拿它没有办法。只有“卫生”或者清洁措施才能阻止它带来的危险。在第三阶段即甲虫阶段之后，敌人最终变形为病毒：“第四阶段是病毒……病毒更加难以对付，因为它们位于系统的心脏。”[36] 这一阶段出现了“幻影敌人，它们扩散到整个星球，就像病毒一样无孔不入，钻进权力的一切缝隙”[37]。在鲍德里亚看来，人们对炭疽病入侵的慌张反应，反映了暴力在形态和拓扑意义上发生的改变。安排在系统中的病毒性休眠细胞，一旦被激活就开始侵犯系统。它们视系统为自身之外的势力而攻击之。在这里，施害者与受害者泾渭分明。“病毒性暴力”继续受控于一种对抗性的张力，它是一种排斥性的暴力。作为敌人的恐怖分子，是系统中具有免疫性的另类，它渗透并摧毁系统。

鲍德里亚用恐怖主义的病毒性暴力覆盖今天所有

的暴力形式。他认为，恐怖分子只是恐怖主义的一种游戏形式，是一种“恐怖对抗恐怖”的活动，是个体恐怖在对抗基于“巨大暴力”的全球化恐怖；恐怖主义“无处不在”，“就在我们每个人身上”，它利用“任意一个行动者，我们中的每个人都是它的虚拟共犯”；它“到处都能被感受到，存在于每一种暴力形式中，不管是人为的暴力，还是事故或天灾”[38]。在鲍德里亚看来，全球化带来的“溶解性和同质化暴力”反而“到处都产生另类的，不仅是异质的而且还是对抗性和不可抵挡的力量”[39]。他要求大家去抵制全球化暴力，方法是用“极端的个体性（radikale Singularität）、独一无二的事件”与全球化暴力分庭抗礼。他因此而预告了“独特性的暴动”[40]。鲍德里亚跟安东尼奥·内格里（Antonio Negri）[1] 一样陷入了个体性的后现代浪漫主义（eine postmoderne Romantik

1　意大利政治学家，20 世纪 60 年代工人运动中新马克思主义的代表。

der Singularitäten）之中。与他的论点正相反，今天的社会对抗并没有发展成全体和个体的对抗。当今社会呈现出日益增加的社会腐蚀现象，反而制造出一个个孤立的自我，他们同群体间的纽带十分薄弱，处于激烈的竞争关系之中。他们不再是能够一起反抗全球化的独特个体，相反，他们全都是跟风者、共犯，同时也是全球化的牺牲品。如果说在他们之间还可能有生意往来的话，他们就只是微观业主（Mikro-Unternehmer）。今天，即使恐怖分子也不再是真正的威胁了。比另类恐怖更危险的，是“同类恐怖、内在恐怖”。针对后者，由于没有了排斥性，也就不再有有效的防御。

鲍德里亚错误地把全球化的暴力刻画成一种病毒性暴力。在《全球化暴力》一文中他写道：“那种网络上的、虚拟化的暴力是一种病毒性的暴力。一种温柔毁灭性的暴力，一种遗传的、交流性的暴力；一种共识性的、强制互动的暴力……这种暴力是病毒性的，就是说它不是在战斗前线，而是通过传染、连锁反应和破坏所有免疫力等形式进行的。”[41] 全球化的交流是一种后免疫式的（*postimmunologisch*）交流。正是由于没有免疫的排斥性，才会产生过度交流，由此产生的大量交流引起了系统中持续上升的熵。传染是一种新型交流形式。由于它成形于高强度的情绪和冲动，它就不再是意义层面的交流了。和鲍德里亚的假设相反，它没有病毒的排斥性。

今天的时间危机不意味着加速。加速本身没有破坏性。被加速的细胞增长可以在短时间内十分有用，只要它有利于整个有机体的经济理性。当加速超越每一个有用的规定而自立门户时，它就变得面目可憎。这种被加速的成长不再是成长了，而是一个增生的瘤。加速的根本前提是朝着一个目标走，而今天，人们所感知到的加速实际是熵的急剧增长，这任由事物横冲直撞、蔓延扩张，并因此产生大量的饱和、成群的窒息。

细菌摧毁其周遭环境，也许不是因为有意破坏、毁坏，而仅仅因为它陷入了盲目无度的增长。它对于给它性命并且保它不死的上级机关视而不见。施尼茨勒（Arthur Schnitzler）[1]有句至理名言，假设细菌和人类之间具有亲缘性："来想象一下吧！存在着这样一个更高的、人类无法完全掌控的有机体，人类从中找到自己存在的条件、必要性和意义，但对这样一个有机体来说，人类就意味着一种疾病，他们试图摧毁那个有机体，他们发展得愈加高级，摧毁那个有机体就越成为必然。这就跟细菌要毁灭'生病的'人类个体是一个道理！即便这个假设离真相很近，我们的想象力也束手无策，因为我们的思想只能理解下降的、深层的东西，却从来都无法理解上升的、更高级的东西。我们只能相对知晓一点低下的东西（das *Niedere*），而高级之物（das *Höhere*）我们却只能预

1　奥地利作家，维也纳现代派代表人物，与同时代的弗洛伊德在思想洞见上诸多相近，堪称文学界的弗洛伊德。

见。这样说来，人类的历史也许可以被理解为人类对抗神性的永久战斗。尽管神性全力抵抗，但注定会被人性逐渐灭绝。”[42] 生活中许多领域充满破坏性的过度增长，有鉴于此，弗洛伊德关于死本能的论点更加可信。按此论断，乍看起来是进步和生动的力量，也就是说后现代的绩效社会的多动症，其实是破坏性的冲动；它源自死本能，最终导致致命的崩溃，也就是整个系统的精疲力竭。

透明性的暴力

今天，透明作为关键词主导了社会话语。这是一个无所不包的过程，也就是一个正在进行中的、在复杂性和深刻性上远远超出了诸如民主、公正或者真相等问题的范式转换过程。无处不在的强制透明性，指的是一种社会格局，它被过度扩张性控制，从而日益消除着排斥性。消除门槛、消除差别和界限导致各种形式的过度增殖和社会循环的过度肥胖。因此，要思考透明性的控制力，就离不开诸如过度交流（Hyperkommunikation）、过剩信息（Hyperinformation）和过分可见性（Hypervisibilität）等现象。

神圣拓扑学认定，神圣具有对进入的排斥性。

神圣空间是仅供少数人使用的、对外关闭并区别于外界的空间。门槛保护其免于世俗化。宗教经验是一种门槛经验，一种来自绝对另类的经验。透明社会则与此相反，作为扩张性社会它把所有的东西都调整成同类，以此来消除所有门槛和临界经验（Schwellenerfahrung）。绝对另类的透明让位给同类的透明。就是说，门槛阻碍着今天消除界限、一览无余的视野，而且还反抗着造就透明社会的那种遍地杂交和无孔不入。

正是无法测度的另类性，阻碍了一个系统和它自身完全统一协调，也就是说对它自己完全透明。但看透自己（Selbsttransperanz）并不是每个系统的终极目标。对许多系统来说，正是有了看不透这个前提条件，它们才有可能存在。在信仰中，透明根本不构成问题。这正是信仰和知识的不同之处：知识的终极目标就是看透自己。对信任来说，不知道（Negativität des Nicht-Wissens）是决定性的。如果确定知道，就丝毫不需要信任了，因为信任是一种介于知道与不知道之间的状态。同样，思考和彻底透明也是彼此不容的，后者将前者扩张成一种计算（Rechnen）。同计算相反的是，思考一直在忍受着令其彻底转变的经验，也就是说把思考变成其他东西的经验：“积累经验，无论积累的是一样东西、一个人还是一种神的经验，都意味着它降临在我们头上，击中我们，碾压我们，颠覆我们，彻底改变我们。”[43] 精神本来是指兴奋激动或情绪波动，对其自身从来就不是一眼看透的。若看透了自己，就不会有不安和情绪波动。对透明性的永恒要求，是基于一种世界的思想，也就是人类的思想。这种思想没有任何的排斥性。但是，能做到完全透明的只有机器。一种透明的交流只可能是机器式的交流，人类无法做到。强迫人们做到完全透明，让人类自身与系统中的一个功能性元素画等号，这就是透明性的暴力所在。即使和一个人融为一体，也有某些地方不可进入，无法渗透。彻底看透、过度曝光一个人，将会是暴力的。所以彼得·汉德克写道："我赖以生存的，是我身上那些不为人知的部分。"[44]

透明性并非来自友善的光（das freundliche Licht）——这种光任凭特殊者特立独行，随意者恣情任性，另类者在神秘莫测的另类状态下展现自我。透明的一般策略其实是将一切都驱逐到同类的光照（Licht des Gleichen）下从而导致另类完全消失。正是消除另类，才能达到透明。透明的暴力最终表现为，将另类调整成同类，把另类完全消除。它是同类—化的（ver-*gleichend*）[1]。透明的政策是一种同类独裁（*Diktatur des Gleichen*）。

通过去除所有排斥性，透明要求加速交流。在这一过程中，必然出现徘徊、中断、犹豫。当同类回应同类，当发生了同类的连锁反应，交流也就达到其最高速度。与此相反，异类会使交流停止。透明的语言

---

1 德语原文是"比较"的意思，通过加入连字符和斜体，作者像拆字游戏般将词意转化成了"变成一样、使成为同类"。

是一种机械的、功能性的语言，不存在模棱两可。透明的强制力消灭了含混、不透明和复杂。运算要比描述透明，做加法要比讲故事透明。与小说叙事相反，众所周知，数字是没有香味的。透明性也剥夺了香味传播的时间。透明的时间是没有香味的时间、没有事件的时间、没有叙事的时间、没有情景的时间。如果叙事性完全从时间中消失，时间就蜕变成了纯粹点状的、分裂的现时代排序。和只做加法工作的储存器相反，记忆力是有叙述性的，因此是无法看透自身的。基于其历史性和叙事性，记忆力的痕迹经历了不断的重组和改写[45]，而被储存的数据则一成不变。

政治本身是一种战略行为。因此，对它来说秘密氛围是根本性的。这个氛围有别于单纯的可能只是工作的行政和管理机构。政治行动不是工作。如果把所有意图公开，这个游戏就玩不下去了，因为它也是一种战略行为。若无战略可施，那么就只剩下诸如问卷调查的数据学。卡尔·施米特说，与这种“开诚布公设想”“尤其相抵牾的是这样一个思路，即每个政策都有秘密（Arcana），政治技艺的秘密；实际上这些秘密对极权主义来说不可或缺，就如同商业企业秘密之于以私有财产和竞争为基础的经济生活一样”[46]。没有秘密氛围，政治会沦为一场完全依赖舞台和观众的戏剧政治（*Theatrokratie*）：“18 世纪还敢于有如此多的自信，容得秘密这类贵族概念存在。当一个社会不再有那份勇气，它将不会再有秘密、等级、秘密外交，也根本不会再有政治了，因为每个重大的政治决策都包含着秘密。一切都在幕布前进行，当着帕帕盖诺们（Papagenos）[1] 的前排观众席的面。”[47] 施米特的暴力政治学是一种关于秘密的政治。一种行为越包含政治意味，就越充满秘密。所以施米特要求政治拿出更多“勇气来保密”[48]。权力、统治和透明，三者是不相容的。施米特的主权思想以一种绝对排斥性为前

1 指莫扎特《魔笛》中胆小的捕鸟人角色。这里用复数，意思是说演员。

提。谁能判定例外状态，谁就拥有主权。在例外状态下，整个法律秩序不再坚如磐石。那是一种绝对不透明的状态。

透明要求所有距离和审慎都消失不见。透明意味着近在咫尺、没有距离，全面杂交和渗透，彻底暴露和展示。透明性也意味着金钱带来的赤裸与猥亵。金钱取消了事物的不可测度和不可穿透性，从而将一切都变成同类的。猥亵，是指一个对所有东西明码标价、唯利是图的世界。此外，透明的社会是一个把一切都拿出来展览的社会。在这个被展览的社会里，每个主体都是它自己的宣传对象，一切都按其展览价值进行估算。所有的崇拜价值（*Kultwert*）都消失了。这种价值不存在于被展览的状态中，而是在此在（Da-Sein）中存在。被展览的社会是一个色情社会。一切都朝向外面，褪去遮盖，袒胸露背，宽衣解带，暴露无遗。失去任何“目光灵韵”[49]的被展览的面容，退化成了脸。脸是面容的商品形式。过度展览将一切变成商品，让它们“没有任何秘密地被直接吞咽下去”。猥亵，就是完整展出、一览无余，是过度的清晰可见。事物不再遁于黑暗之中，而是消失在过度照明和过度曝光之下：“更广泛地来看，可见之物不是在黑暗或沉默中，而是在比可见更可见的环境里蒸发了。那种环境就是猥亵。”[50]

对边界和门槛的全面撤销就是一种色情。无阻力的、不间断的过量信息和过度交流造成的洪流，也是猥亵。在那洪流之中，一切排斥性和秘密都没有了，没有不可进入之地，没有安全隐蔽地带。强迫所有东西都参与交流，都变得可见，这种强制做法也是猥亵。脱离一切场景的交流，就是色情。在性的意义上，色情的含义就是“为了直观展示身体和直接交配而丧失对欲望场景所做的幻想”[51]。

当今透明社会的典型特征是，色情展示和圆形监狱式的全景控制（panotische Kontrolle）的相互重叠。露阴和偷窥将网络当成了数字全景监狱。监控型社会

（Kontrollgesellschaft）得以实现的前提是，它的主体不是通过陌生的外部强制，而是通过自身产生的需求来暴露自己，哪怕心怀失去自己的私人领域和私密空间的恐惧，却还是忍不住不顾廉耻地展示自己。当自由与自我剥削合而为一，绩效社会便登峰造极。如今，自我曝光和自我剥削也合为一体。

最后，强制的透明不是伦理或政治要求，而是一个经济需求。通透就是剥削，交流就是交易。完全被看透的人，面临剥削就会手无寸铁。对一个人的过度曝光会使经济利益最大化。透明的顾客是新房客，也就是经济学圆形监狱里的神圣人（*Homo sacer*）。消费和绩效社会的全景监狱和规训型社会的不同。前者不需要束缚，不需要高墙和封闭空间；而今，整个社会、整个地球都成了全景监狱。谷歌和脸书之类的社交网络，同时也是安全局的数字全景监狱。输入的关键词和上传的头像，已经将个人置于圆形监狱式的观察和控制之下。对一个人存入网络的数据进行分析，可能让你对这个人比他对自己更加了如指掌。网络不会忘记任何事，也不强迫任何事。跟规训型社会的圆形监狱相反，这里的全景控制手段不是隔离和监禁，反而是联网。今天的监控不是对自由的侵犯，反而是让自由和控制合一，这样人们就是自愿置身全景监视的目光之下。透明的用户既是受害者又是施害者。每个人都积极参与到网络圆形监狱的建设中来。自由的交流和全景控制交织在一起，不分彼此。

媒体是“群—时代”

语言是一种交流媒介。像每种媒介一样，它既有象征的一面，又有恶毒的一面。因此，有理由把语言的两种不同运作方式，也就是以象征和恶意作为出发点。谁若把语言的本质抬举为形成共识，那么他就看不到语言中包含的恶意[52]；而认为语言更接近暴力的人，又错过了它象征、交流的维度[53]。象征（*Symballein*）原意是结合。基于其象征意义，语言是连接性的（verbindend），即交流性的。然而，在希腊语里，象征（*symbolon*）却和恶毒（*diabolon*）是同义词，恶毒的动词词根 *Diaballein* 意为分离、分裂；出于这种恶意，语言不仅可以连接，也可以分裂、伤人。象征使语言具有建设性、交流性的一面，而恶意则令语言具有解构性、破坏性的特征。

社会的扩张性也涵盖了语言，发展出了语言暴力的另一种形式。任何基于诽谤、诋毁、贬低、否认或者物质化的暴力语言，都是排斥性的暴力。[54]这里排斥的是他者（另类），遵循的是区分敌友的免疫模式。新的语言暴力不是排斥，而是扩张。它并不针对另类，而是来自同类的群体，来自大规模扩张。

当今社会，过度交流创造出语言和交际的无效积聚（*Spamisierung der Sprache und Kommunikation*），催生了成群的交际和信息，它们却既不提供信息，也不构成交流。这里说的不仅是让交际日益臃肿杂乱的狭义的垃圾，而且也包括通过如微博等网络实践而出现的社交群众。[55]拉丁语社交（*communicare*）的意思是：一起做事，统一，给予，或者共同拥有。交流是一种形成共同体的行为。然而从某一时刻起，它不再是交流性的了，而仅仅是堆砌。因此，信息不再建构形态（in-formativ）[1]，而是解构形态（de-formativ）。信息导致失态（*außer Form*）。

语言的无效积聚与自我的过度供养（*Hypertrophierung des Ich*）有关，后者制造出一种交流真空，从而开启了后笛卡尔哲学的转折点。笛卡尔式自我尚且是一个破碎的产物，它的前提是极端的怀疑。这个自我脱胎于一个不太坚决的假设：“一切我们能以任意方式怀疑甚至污蔑为错误的东西，我们都以这种方式驳回，这样一来，尽管我们觉得能轻易假设，没有上帝，没有天空，没有身体，假设我们自己既没有手也没有脚，甚至根本没有身体，可是，却不能同样轻易地假设遵循以上想法的我们一文不值。因为，假设思考的人同时在其思考的时间内不存在，显然是矛盾的。……‘我思故我在’……”[56] 后笛卡尔式

1 这个词本是提供信息的意思，再次被作者拆分为两个部分。

自我不再是迟疑不决的假设，而是排山倒海的现实；不是小心谨慎的推论，而是初始的设定（primordiale Setzung）。后笛卡尔式自我根本不必通过排斥他者来确认自己的位置。这点上它就和笛卡尔的占有式主体有了差别。占有式主体会借助排斥他者来安置自己，给自己定义、占位，并通过同他者相区别来标注自己的界限、身份和领域。卡尔·施米特的公式，即“敌人的存在乃是我们自身存在形态的问题”，已经不再适用于后笛卡尔式和后免疫式的自我。施米特认为，自我的身份及其“形态”（Gestalt）需归功于作为敌人被排斥的他者。后笛卡尔式自我则没有这种排斥性，没有免疫性的划界和防御。

由于后笛卡尔式自我具有扩张性，故将笛卡尔的公式彻底翻转。齐格蒙特·鲍曼（Zygmunt Baumann）在他的《消费生活》（*Leben als Konsum*）一书中还套用笛卡尔的古老公式，说“我买故我在”。鲍曼显然没有发现，后笛卡尔主义早已彻底颠覆这一公式。笛卡尔式的“我买故我在”已不再适用，而今应叫作：我在所以我买，我在所以我做梦、我感知、我爱、我怀疑，所以我思，即我在故我思，我在故我疑，我在故我信，等等。此处，我们看到的是后笛卡尔式我在（Ich-Bin）的烦冗和重复。微博这类实际应用中也充斥着过度膨胀的自我。推特可以最终缩减成我在。它是后免疫性的，所以它在无限的网络空间里追逐着他者的注意，而不是去抵御他者或与他者划界。

后笛卡尔式自我的语言，也许对海德格尔来说是没有“消息”（Botschaft）的后阐释性（posthermeneutische）的语言。海德格尔的传信（Botengang）或信使（Botengänger）探入那种宣讲福音的隐蔽空间——在那里，我在既不显得多余，又不会特别惹眼。然而，后笛卡尔式的我在所使用的语言，剥去了一切隐蔽和秘密的外衣。在赤裸裸的、一览无余的展示中，这个后笛卡尔式的我在，说着一种后阐释性的语言。在海德格尔那里，阐释性意味着同我在“有关”，而这个我在已经超乎自我指向。[57]

列维纳斯经常说：当我说话，就已经是暴力了。[58]我说话，就夺走了别人说话的机会。这样一来，自我本身就是暴力。列维纳斯用一种无限责任来对抗这种自我。这种责任超越了“我可能已经对他者犯过或尚未犯下的事”，超越了“我的行为可能带来或不会带来的结果从而似乎把我判定为他者”[59]。这种责任让我暴露于他者面前。列维纳斯说，如果没有这种彻底的暴露于他者之前，就会再次产生自我的“凝块”（Gerinnsel）。从他者之中产生那样一种“暴力”，让自我变位成了早已是被告（accusé）的四格宾语。[60]若没有这种强制变位，自我又还原成不变位的一格主语，也就是暴力本身。列维纳斯的伦理最终是一种暴力伦理。

后笛卡尔式自我既没有暴露在他者之下，也没有被卷入一、四格的主从关系。不过这个自我也不是完全不受强制，而是自愿屈从一种展示强迫症。在列维纳斯那里，针对他者的暴露升级了，“责任”也升级了，直到“暴露超越了裸露的程度”，甚至“褪去自己的皮肤”[61]。这和一种直白意义的伦理主体（ein ethisches Subjekt im emphatischen Sinne）有关。后笛卡尔式自我则与此相反，它是美学的主体，它赤裸裸地展示自己，也就是色情地裸露自己。这就是要剥削它的展览价值。对于这种赤裸、被展览的自我而言，他者就是作为消费者的观众。列维纳斯的自我通过排斥他者来定义自己，用将他者排除在外的方式来获取一席之地。后笛卡尔式自我则与此相反，它不必靠排斥他者来确定自己的位置。

过度交流提高了交流系统的熵。它产生了一种交流和语言的垃圾。在《真正的恶》（*Das eigentliche Übel*）一文中，米歇尔·塞莱斯（Michel Serres）将世界的垃圾化和肮脏化归咎于源自动物的占有癖（Aneignungswut）。动物用它臭烘烘的尿和粪便来划定、占有它的辖域。人类在汤里吐痰来阻止他人享用。

夜莺用大叫将其他鸟赶出它的领域，以此来占领空间。塞莱斯区分了两种垃圾。硬的是物质垃圾，如巨大的垃圾堆、毒害环境的物质或者工业垃圾；而软的则是语言垃圾、符号垃圾和交际垃圾。占有癖让这个星球在符号制造的垃圾和海啸中窒息："这个星球被垃圾和广告牌彻底占领，被塞满垃圾的湖泊、溢出塑料的海沟、布满碎片残渣和果皮的海洋彻底占领……在每座山崖、每片树叶、每个可耕种的小块农田上都铭刻了广告；在每种药草上都写着字母……就像传说中的大教堂一样，一切都沉没在符号的海啸之中。"[62]

塞莱斯所说的动物还是笛卡尔意义上的，因为它们占有领地时遵循的是免疫的模式，用它们臭烘烘的屎尿或者它们制造的噪声来抵抗作为敌人的他者。塞莱斯由是写道："笛卡尔，这可怜的家伙，印证了我们的兽性习俗。"[63]今天，世界的垃圾和污染超越了笛卡尔式占有，后笛卡尔的转折也在于此。后笛卡尔式的垃圾不再如笛卡尔式排泄物那么臭了，它甚至把自己包装成了美，包装成吸人眼球的漂亮广告。塞莱斯笔下散发臭味的垃圾，仅仅在动物式占有生效时淤积起来：“我们将看到、听到它们，那些迅速变脏的符号，正如前面提过的粪便一样，以坚硬的软性（harte Weichheit）继续着古代的占有姿态。”[64]

当今世界的肮脏化和垃圾化不只源自对辖域的区分和占有。它发生在一个没有边界、不划辖域的空间。它也不是通过驱赶他者占领辖域，而是要赢得注意力。所以今天，垃圾也在扩张。要占有那些被排斥的垃圾，就得用其臭气和噪声来抵御他者。这些垃圾会划界。然而，人们用扩张性垃圾来吸引他者的注意力，来取悦他们。排除，规定了什么是被排斥的垃圾；包含，则指出扩张性垃圾是什么。它并不令人厌恶，而是讨人喜欢又富有吸引力。今天，后笛卡尔式夜莺之所以啁啾鸣啭，不再是因为要把他者从自己的领空驱走，而是为了引起注意。

交流制造亲近。过多的交流却并不自动制造更多的亲近。不知从什么时候开始，过度接近转化成一种无距离的冷漠（abstandslose Indifferenz）。这里产生了关于亲近的辩证法。过度接近，破坏了那种可能比无距离还要近的亲近。这里说的是一种被远所驱动的近，一旦扩张性的亲近过度了，这种近就消失了。扩张性的泛滥和过量，会导致麻木迟钝和精力涣散，也就是感知的角质化。这种角质化令感知对不显见的、迟疑的、静止的、私密的、细微的东西浑然不觉。因此，米歇尔·塞莱斯写道："铺天盖地的文字和图片强迫我们去阅读，而世间万物恳请我们的感官给予意义。后者吁请，前者命令。我们的感官创造了世界的意义。我们的产品已经有了——肤浅的——意义，它们越粗糙，越近似垃圾，这种意义就越容易被感知。图片——绘画垃圾；标识——文字垃圾；广告（Werbung）——视觉垃圾；短片（Werbespots）——音乐垃圾。这些简单低级的符号强迫你去关注，阻断了更不易察觉的、隐秘的、沉默的、常因遭无视而毁灭的风景；因为，拯救万物的正是感知。”[65]

塞莱斯将世界的垃圾化追溯到笛卡尔式主体的占有意志。然而，单单占有不能解释那种缺乏经济理性的过度交流和过度生产。就连野兽的占有也包含着一种经济必要性。动物用它们的排泄物为自己取得必要的生活空间。相反，今天的过度生产和过度积聚是跨越经济的（transökonomisch）。它们超越了使用价值，冲破了方法（Mittel）和目的（Zweck）之间的经济纽带。限定和界定方法的不再是目的。它变得指向自己，毫无限制。增长恶化成了肿瘤和赘生物。一切都超越了原本的设定过度成长，导致系统的肥胖和堵塞：“许多东西被生产出来、积聚起来，根本没工夫让它们为什么事情效劳……人们生产并发送太多消息和信号，结果再也没时间去读。”[66]照此看来，过度交流就是屏幕上不间断的光怪陆离，它填补了荧光屏的空乏，是一种“被强制的场面”，是在试图用过度的扩张来平衡存在的缺失。

从那种交流群、信息群和符号群生发出一种特别的暴力、一种扩张的暴力。那些群不再做出澄清，不再引导推断，而只是成群积聚。排山倒海的空白信息令人涣散、迟钝、麻木。可以对麦克卢汉所说的“媒介就是信息”（Medium ist Message）略做改变，以适用于这个扩张性成群的时代：媒介是群—时代（Mass-Age）[1]。

---

1 此处又是作者在玩文字游戏，将表示“信息”的 Massage 一词拆分为 Mass-Age，意思就变成了“群—时代”。

块茎暴力

过度编码就是用呆板、压制性的秩序来消除所有自由空间。暴力的起因不仅在于过度编码，而且还在于毫无约束的解码和破界，它们把世界消解成一种由不可操控事件、冲动和紧张所制造的洪流。编码本身并不是暴力，它表达、构建、塑造、整理、诉说这个世界。暴力却是一种全覆盖式（totalitär）的过度或者过量编码。毋庸置疑，通过对抗压制性的过度编码，某种程度的拆码或解码可以令世界摆脱强迫和痉挛；但如果解码向恶性发展，愈演愈烈，那么它本身就具有毁灭性。德勒兹对毫无约束的解码没有采用辩证视角，仅赞其为解放者，而屏蔽其恶意的一面。恰恰是这种漫过所有器官、以此消除器官差异的癌症肿瘤，成为一种解码和解辖域化的恶意形式。德勒兹笔下完全消除器官编码的“无器官身体”，和布满了转移肿瘤的身体几乎别无二致。这里摧毁了任何有机的表达，扬弃的是本质。对精华的削减愈演愈烈，直至完全将其变为恶毒。德勒兹用来说明无器官身体的例子，是那张“患精神分裂的桌子”。与其说那是一张桌子，倒不如说像一堆杂物，丧失了任何功能。桌面越发没有边界，乃至消失，被桌腿“吃掉”。语言本身也被解码，被除去差异，成为无法清晰发音的一团噪声：“无器官身体用它扁平的、紧绷的、不透明的表面去对抗这些器官机器，用它无法区别、不能成形的流动去对抗这些联合的、统一的、继而又被隔断的洪流，用叹息、喊叫、无结构无组织的大疙瘩来对抗语音构建起来的词。”[67] 于是，德勒兹的“块茎”(Schizo)[1][68]

1　这个词音译为斯佐，后衍生出精神分裂之意，后文中的块茎、斯佐、精神分裂者皆来自此词。

无控制、无导向地滋生蔓延："块茎既没有开始也没有结束，永远处在中间，在万物的中间，是插片，是幕间戏。树是血统，但块茎是同盟，就只是同盟而已。树需要动词'是'，而块茎固定在连词'和……和……和'中。这个连接句有足够的力量来撼动并且根除动词'是'。"[69]暴力不仅是压制性的既不也不，或者勒索式的要么要么，而且还是无尽的"和……和……和"。日益猛增的同类叠加，过度的扩张性，皆导致一种强力的释放。这种释放因其扩张性而区别于免疫性的防御。精神暴食症并不遵循免疫模式，因为不存在针对和（*Und*）与过多（*Zuviel*）的免疫反应。扩张性暴力的病理后果不是致命的传染，而是梗阻。扩张性的无节制叠加可能会撼动存在（*Sein*），但它导致了存在者（Seiender）的增生，这同样也是一种暴力。

德勒兹的主人公叫作"斯佐"（Schizo）："斯佐始终踉踉跄跄、磕磕绊绊、无休无止地游荡，它不知所措地弥足深陷于地域的消解，在它的无器官身体上没完没了地经历着散伙……终于，它扰乱了所有密码，承载着洪流般的解码的欲望。”[70]德勒兹将精神分裂者美化为四处流浪的伦茨：“斯佐们四处流浪，比起在沙发上伸展四肢的神经功能症患者，肯定是更好的榜样。……比如毕希纳笔下伦茨的漫游。……一切都是机器，天空的机器，是星星或者彩虹；山脉的机器，同身体的机器合二为一。机器噪声不断。……他经历的自然不再是自然，而是生产过程。人和自然荡然无存，剩下的仅仅是过程，是用一种东西生产另一种的过程，是把机器连接在一起的过程。到处都是生产机器或者欲望机器，是精神分裂式的机器……”[71]斯佐表现了这样一种能力，“将碎片加入始终更新的碎片化过程之中”[72]。它包含了一种死亡冲动。所以德勒兹援引安托南·阿尔托的话说：“无器官的整个身体是无生产力的、无创造力的、无繁殖力的，是不可消耗的。安托南·阿尔托在无形无体存在的所有地方都揭示出无器官身体。它的名字叫作死亡冲动，而死亡并非没有榜样。因为欲望也在希望、渴求着死亡……”[73]“机器的死亡冲动”催促着欲望机器，后者蓄意破坏并毁掉自己，如此一来，就无法分辨它何时在建构，何时开始解构。”[74]精神分裂式机器和资本主义机器非常相像，其本质特征是无法分辨建构还是解构，生产还是破坏。精神分裂式的生产和破坏互相重合，在本质上无法同破除界限的资本主义生产区别开。德勒兹甚至证实，精神分裂症和资本主义本质上也很接近：“对洪流的解码以及合伙人之间的解辖域化，就这样构成资本主义的根本趋势。资本主义不停接近它原本意义上的精神分裂底线。它用尽全力在无器官的身体上生产精神分裂，也就是生产被解码的洪流的主体……”[75]

德勒兹认为，资本主义不仅发展了精神分裂，也发展了偏执妄想，所以它在对辖域的消解和重构之间摇摆。德勒兹只认为妄想式的辖域重构是恶毒的。对于精神分裂式的解辖域化，他始终持肯定态度。所以他建议，针对偏执妄想式的辖域重构，更彻底地消除精神分裂的边界，“更加干劲十足地加入市场运动、解码运动和解辖域化运动”[76]。精神分裂式的解辖域化导致同类的块茎枝蔓丛生，导致大量扩张性。暴力不仅是不执行或不包含，也是过度或者过剩。德勒兹显然没有看到那种基于扩张性的暴力，所以才会单一地赞美解码和解辖域化是种解放。过度的扩张性暴力比匮乏或者不给予的排斥性暴力更加致命。匮乏被填满时也就结束了匮乏状态，而过度则没有止境。

德勒兹笔下的精神分裂症与任何恶意都不沾边，被大大地浪漫化和理想化了。他所言及的是“生产性的、最终通向幸福的普遍精神分裂”[77]。拿精神分裂的欲望机器和丁格利（Tinguely）的机器做比较，连接后者的元素是没有任何功能性的逻辑：“在主导我们社会的系统中，欲望机器只是作为反常扭曲的东西而被忍受，也就是说，还谈不上真正使用这台机器……

不过，欲望机器的秩序与其说存在于一种普遍化的病态反常行为中，倒不如说存在于生产性的、最终通向幸福的普遍精神分裂中。因为欲望机器正如丁格利所说：是一台真正快乐的机器，我在这里说的快乐，意思是自由。”[78]解辖域化系统的元素，虽缺乏任何逻辑和功能性纽带，却仍能彼此交流；虽无亲缘关系，却也能彼此联结在一起。在丁格利看来，这是一种真正快乐的系统，它没有精神分裂式的裂缝和离析。丁格利的机器虽然没有任何功能和目的，却构成了一个连续的统一体，一个内部和谐的整体。机器的各个部分轻松交错在一起，没有任何卡壳儿的情况。各个部分总是以某种方式彼此挂靠，其纽带是一种能在无血缘关系的情况下制造出亲近的友情。基于这种内在和谐，它们毫无干扰地运转。据他之论，一种真正的精神分裂则会产生干扰和堵塞。精神分裂就是一种强制形式，所以它既不制造“快乐”，也不带来“自由”。

鉴于他者具有排斥性，黑格尔笔下的精神发

展出一种妄想式的过度免疫，它会引发过度解码（Hypercodierung）和过度辖域化（Hyperterritorialisierung）。但德勒兹的精神分裂式解码和解辖域化的反面模型（Gegenmodell），也同样具有破坏力和恶意。完全不具备排斥性的精神分裂式机器生产出一种扩张性的暴力。它就像一个核反应堆，因无法控制的连续反应和过热而烧毁（耗尽）。并非每种排斥性都是破坏性的。诸如犹豫、中断、无聊、等待或愤怒等排斥性形式，常常也具有建构性。在社会日益增长的扩张化进程中，这些形式正面临着消失的危险。众所周知，电脑不会迟疑。由于缺乏他者视角，它成了一个自闭的计算器。直白意义上的思考，也同样与排斥性相关。如果没有排斥性，思考就无异于计算了。精神分裂式的“和……和……和”毫无排斥性，引发扩张性的成群积聚。只有阻碍和排斥才会产生时钟的节奏、节拍，也就是产生时间；相反，无论妄想式的阻塞还是精神分裂式的排障，都在摧毁时间。

全球性的暴力

按照哈特和内格里之见，全球化产生了两种对立的力量：它一方面造就了“帝国”，帝国通过持续控制和永久冲突建立了一个去集中化、解辖域化的资本主义统治秩序；另一方面，全球化产生了“大众”（Multitude），那是一种通过网络互相交流、共同行动的个体（Singularitäten）的总和。大众在帝国内部倒戈。因此，哈特和内格里建构了阶级斗争的一个新版本。来自帝国的暴力，被解释为剥削他人（Fremdausbeutung）的暴力：“人群，即大众，是社交世界的真正生产力，而帝国是一台剥削机器，它的存亡取决于大众的生命力。或者借用马克思的话：这是一个靠堆砌死亡建立的政权，唯有像吸血鬼一般吸取活人的血，它才能存活下去。”[79]

哈特和内格里不太考虑政治经济现实，他们的理论模式建构在阶级或者阶级斗争之类早已成为历史的范畴之上，故而会把“大众”定义为一种阶级：“首先，大众被理解为一种所有为资本打工的人的组合体，这些人因而是有潜力反抗资本统治的阶级。”[80] 只有在互相影响或互相竞争的多个阶级里面谈阶级才有意义。但大众实际是独一无二的阶级，因为它囊括了所有参与资本主义系统的人，也就是说它没有以兹对抗的统治阶级。在帝国中，每个人都臣服于资本主义经济的号令。帝国不是将大众作为无产阶级来剥削的统治阶级，相反，它剥削的是自己。哈特和内格里没有看出这种自我剥削。帝国之内根本就是无人统治，是把资本主义系统呈现出来，这个系统覆盖了所有人。帝国内虽然仍存在对他人的剥削，但养护这个系统的基本模式是自我剥削。

正如哈特和内格里所言，“在且只在共同战斗的时候”，阶级才“是一个集体性的整体”[81]。阶级必须包括一种深刻的、激发共同行动的从属感，而当今社会的特征恰恰是，从属感和“我们”已遍寻不见。政治上麻木不仁、漠不关心，加之社会上与日俱增的幼稚化（Infantilisierung der Gesellschaft），令共同行动的可能性几乎为零。全球化的世界里居住着的不是坚决反抗帝国的独特个体，而是那些彼此剑拔弩张、为了自己而隔绝他人的一个个自我。所有参与资本主义生产过程的人，既是受害者，又是施害者。一旦两者合体，就不可能再有反抗。哈特和内格里忽略了这种特殊的全球拓扑学。

社会权力仅仅来源于共同的行动，一种“我们”。社会的自我化和粉末化却让共同行动的空间急剧缩小，并以此阻碍了可能真正质疑资本主义秩序的反对力量。社会（*socius*）让位于个人（*solus*）。当今社会的标志性状态不再是大众（Multitude），而是孤独（*Solitude*）。分离不生成权力，这个关键的社会发展根本不在哈特和内格里的考虑范围内，他们陶醉于一套富有想象力的话语[82]，从而为大众的浪漫社会主义革命招魂[83]。没有了对抗力量，新自由主义的经济秩序会永生不死。这个新秩序发展出一种强烈的占有能力，那就是占有一切，再编造出一套资本主义的公式。

社会主义之外，就没有真正能给资本主义造成内伤的外敌了。甚至恐怖主义也不再可能真正威胁到资本主义体系，不再表现为与其势均力敌的权力阵营。资本主义体系甚至可以吸收恐怖主义，将之转化为巩固自身的连贯力量。可以想见的就只剩下由过热或过度操作导致的系统内部爆炸了。这种内爆的暴力和外力引爆的暴力不同。后者和传统的战争暴力一样扩张领土，占领新空间。外力引爆的暴力是向外施压的，内爆的暴力因为没有了外部而向内施压，在内部产生摧毁性的张力和偏斜，最终使系统内部分崩离析。

全世界发生的暴力冲突没有任何共同点，而哈特和内格里却故意曲解它们，说成一场对抗帝国的战争。实际上这些冲突也不一定就跟新自由主义有关。哈特和内格里所提及的暴力冲突，如学生抗议、洛杉矶的种族暴动、巴勒斯坦反抗以色列的抗暴运动、墨西哥的恰帕斯起义或者法国铁路工人罢工，它们并无相同的意识形态，亦无共同目标。哈特和内格里虽然确认，这些抵抗战士之间没有交流，也就是说他们没有共同语言，没有共同的敌人[84]，但是他们没有发现，其论点的症结即在于此。众所周知，没有交流就不会有共同行动，也就是说没有对抗力量。哈特和内格里把本不存在的共同意图强加给这些抵抗者。照此推断，没有交流就是一种“新型交流”，一种“诸多个体的交流”（Kommunikation von Singularitäten）[85]。这些抵抗斗争彼此间“不是平行的”连接关系，每场斗争都是独自“径直抵达帝国的虚拟中心”[86]。

哈特和内格里的论证有违事实。当今社会实际是一个社会性、共同性、共同体性的普遍瓦解过程。它明显在自我粉碎，自我分割，各自为政。面对这种真实的发展他们做出断言，说今天生产关系的本质特征在于“制造合作、交流和共同体”，说这导致了私有财产危机：“私有财产被理解为一种高贵的权利，即对一件财物的使用权或对其名下所有财富的支配权。可是这种定义本身……越来越没有意义。”[87] 不同于他们之见，共同性在今天正逐渐消亡。私有化深入灵魂，盘踞不去。共同体的崩溃让共同行动越发不可能了。哈特和内格里高估了同资本主义新自由体系抗衡的反抗力量。新自由体系的特点就包括，被剥削者和剥削者二者难以区分，施害者和受害者合而为一。没有明确的反对，没有明显的战斗前线，也就是说没有构成两种不同阵营、力量或者阶级的前提条件。哈特和内格里并没有完全忽视这种特殊的暴力拓扑学，所以才会认定：“即使剥削和统治总被具体经历（大众用自己的血肉之躯感知这点），但与此同时，它们还是杂乱无章的，乃至在其面前好像不再有哪个地方让人觉得安全。若不再有可以作为外部的地方，那么我们就必须在所有地方剑拔弩张。”[88] 也就是说，在每个地方都做出对抗，但却不清楚对抗什么。所以，大众身上那传说中的坚决态度都消失殆尽。哈特和内格里显然没认识到，在帝国中，战士很快就变为同谋。如今，暴力和剥削所在之地不再引起敌对，因为每个人都在自我剥削。施害者同时也是受害者。对他人的剥削让位于自我剥削。剥削行为的发生于是无需任何统治，因为它打着自由的旗号。暴力的这种内在稳定性（Immanenz），令所有在前线对战的敌人消失了。

哈特和内格里把全球的资本主义新自由体系称为“帝国”。这一体系实乃一个充满矛盾冲突的世界内部空间（Weltinnenraum），在那里，人这一物种发动着对抗自己的战争。之所以说这场战争是全体式的，因为它同社会关系完全重合，且以和平的面貌示人。那种福柯曾经听到的从惩戒所里喷涌而出的“战斗的雷霆万钧”，今天已稳稳成为社会基调。战争延伸到每个人的灵魂内部，你不再是跟他人，而是首先跟自己打仗。由于这场仗的全体性（Totalität）和内在稳定性（Immanenz），每种以明确区分内外、敌友、主奴为前提的传统意义上的反抗，都形同虚设了。

依哈特和内格里之见，对抗帝国的唯一可能性在于，减缓它产生的进程，去掉它恶毒的锋芒。然而，他们给出的方略可能是有问题的。因为他们认为，这个进程不可逆转，也没必要非得对之加速或者强化。他们继而引用德勒兹和加塔利：“吉尔·德勒兹和菲利克斯·加塔利的观点是，不该反抗资本的全球化，反而应该加速这个进程。他们问：‘但这些革命道路之中……究竟哪一条是现实存在的呢？——从世界市场撤退吗？……或者反其道而行之？也就是以更大的热情投身解码和解辖域化的市场运动？’……要想有效对抗帝国，唯有在同一层级上遭遇帝国，并将其典型进程推到目前的界限之外。”[89] 如果以更大力度卷入市场和资本运动，恐怕万劫不复。世界和世界市场不是一回事，对世界彻底的市场化，将是对世界的强暴，会压抑和摧毁除工作、利润、资本、效率和绩效之外的所有一切。生产和绩效之下的歇斯底里症，竞争之下的过度紧张，直接导致不同类型的病理现象。全球性的关节过动症（Hypermobilität）就像一场全面动员（totale Mobilmachung），后者竭尽全力维稳。如果尝试超越目前界限去加速或强化那些在帝国占统治地位的动态进程，将会导致灾难性后果。那样一来，系统将不可阻挡地走向彻底崩溃。

自由人

例外是一种极端的排斥性状态，因为它解除了所有扩张性准则。当外界侵入一个系统的内在、动摇它的整体时，例外也就出现了。内在与外在彼此排斥的张力，构成了例外状态的根本。一个系统的内在稳定性，会在例外状态下遭遇他者的超验（Transzendenz des Anderen），而这个他者或曰异类，会对系统构成威胁。来自完全相异者（das ganz Anderc）的排斥性，引起系统内部萎缩，并令其内部发生地震。例外状态的产生，是系统对外来威胁的免疫反应。

君主（最高统治者）拥有解除现行法律的绝对权力。他代表了立法的暴力，这种暴力能在法律之外同法律保持关系。因此，君主不必有立法权。例外状态解除现行法律，从而产生一个逍遥法外的空间。在这个空间里，可以对每个个人动用绝对权力。阿甘本认为，只有把人的生命纳入至高权力之中，也就是说，“只有通过把自己托付给掌管生杀予夺的绝对权力”[90]，人的生命才能实现政治化。赤裸裸的可被杀死的生命和至高权力，二者互相创造：“我们现代人习惯用诸如公民权利、自由意志和社会契约等概念去构想政治空间，而君权社会的立场则与之相反，在那里，只有赤裸的生命才是确凿政治性的。”[91]这“必死无疑的生命”，是“根本的政治元素”。这种“政治的根本现象（Urphänomen）”就是制造“神圣人（homo sacer）的赤裸生命”的那个魔咒。至高权力和神圣人的赤裸生命，彼此对峙于一个秩序的两极。面对至高权力，所有人都是潜在的神圣人。

***

神圣人是因触犯神的戒律而被排挤出共同体的人。比如，如果谁放错放了界石，就会遭到边界守护神朱庇特·忒尔弥诺斯（Jupiter Terminus）的报复。你可以杀死这个人而不必受罚。神圣人当然经历了很多个历史阶段。在十二表法时期，神圣人是指那些触犯罗马护民官之威权的人。为了保障自己的实力地位，古罗马的平民重又采用了源于宗教的古老实践。阿甘本完全忽视了神圣人的历史变迁，把神圣性（*sacratio*）局限于平民统治时期，所以才会错误地把神圣性归结到民众领袖（护民官）有权置喙的神圣权力（*potestas sacrosancta*）上。如此一来，神圣性就在其宗教起源被屏蔽的情况下和至高权力短兵相接。著名的法律历史学家埃米尔·布鲁南麦斯特（Emil Brunnenmeister）写道："神圣性……原本不是世界性的，而仅仅是敬重上帝（Gottesacht），唯独由此逐渐发展出对世界的敬重（Acht）。”（布鲁南麦斯特：《古罗马法律的杀戮罪》，莱比锡1887年版，第153页）为了自圆其说，阿甘本还为神圣人这个形象建构了一个现实中本不存在的矛盾。他指出，神圣人不可能归属于宗教领域，因为人们可以杀死他，却不准伤害其他神圣器物（res sacrae）。由人类亲手制造的杀戮，并未将神圣人从宗教性中解脱出来，因为他们以为，神的复仇随时可能降临在神圣人身上，比如别人会杀死他。杀人凶手在这里干脆被视作神的复仇工具。布鲁南麦斯特因此写道：“神圣性的基础是我们秉持的那个被屡证不爽的信念：神将亲自惩罚渎神之人……只要他想，可以随时随地，方式随意；而所有人，管他是国家还是其公务员、祭司或公民个人，谁也不准抢先实施惩罚。愤怒的神将选择哪条路来对付落入他手的牺牲品，带其走向万劫不复，凡人是无法得知的。也许，神会使用各种手段严刑拷打这个罪人，直到把他折磨到自行了断；也许，神会让他意外死亡，或者久病不治而亡；也许，神会把一个致命武器塞到这个人手里。只要杀死一个坏人（神圣人，sacer）的人完全是出于无意识而成为神的复仇武器，那么他就是无辜的。用人力去帮助遭人冒犯的神完成其复仇计划，这种事对于虔诚的百姓来说，既无资格，亦非义务。出于同样的畏怯，神的财产可以确保不受任何触犯，但这敬畏之中肯定含有轻率和恶毒的性质，也就是假装代表超凡力量在人世间进行刑事追诉。”（布鲁南麦斯特:《古罗马法律的杀戮罪》，第 152 页）此外，阿甘本还断言，神圣人不仅被开除出人类，也被排除在神秩之外，因为不准用他做祭品。这也是个错误结论，因为神圣人之所以无法被用于祭祀，是因为他已经归那个被他所冒犯的神所有。于是也就证实，神圣人的形象，也就是阿甘本至高权力理论的根据，是一个不符合历史事实的虚构。

***

阿甘本的至高权力理论尽管具有魅力，但并未如其所断言那般证明例外状态在今天已经多到要成为常规。它反而意味着，如今我们生活在一个由过度扩张性所统治的社会，这里不再可能有意外状态了。魅力常常来自那些濒于消失的东西。[92] 例外状态就是一种排斥性状态，它的出现只有一种可能，就是他者或外部的入侵。扩张的社会如今接受了所有排斥性和超验性，从而达到全面彻底的正常状态。扩张的社会剔除了所有外部，实现全面彻底的内在空间。恐怖不仅源于至高权力的超验性，也源自内在稳定性（Immanenz）。同排斥性的恐怖相比，扩张性的恐怖可能更致命，因为它没有任何免疫性防御。

君权社会早已属于历史。今天，没有人通过“听任掌管生杀予夺的绝对权力”来实现自己的政治化。

再也没有外部，没有超验，再也没有让人们成为服从主体、任其摆布的至高权力。今天的社会不再是君权社会，我们已经生活在绩效社会。绩效主体与服从主体的区别就在于，绩效主体是自己的统治者，作为自己的雇主，它又是自由的。

绩效主体不受强迫它工作并对它进行剥削的外部统治机关控制。它不服从任何人，只服从自己。可是，虽然撤掉了外在的统治机关，强制结构（Zwangstruktur）却并未消除，结果导致自由和强制合而为一。绩效主体自动受迫于效率的最大化，所以它是在自我剥削。由于伴随着一种虚假的自由感，自我剥削比剥削他人更有效。剥削者同时是被剥削者，这里发生的剥削无须依靠统治者。自我剥削的效率就在于此。资本主义体系从剥削他者转向自我剥削，从“应该”转向“能够”，目的是自我加速；由于它悖论的自由，绩效主体既是施害者又是受害者，既是主人又是仆人。自由和暴力在这里无法分辨。那个既是自己的君主又是自由人（Homo Liber）的绩效主体，其实就是神圣人。绩效社会里的君主，同时也是他自己的神圣人。在绩效社会里，君主和神圣人二者互相创造，但他们不分彼此，这就是同阿甘本至高权力理论的区别所在。

阿甘本坚守排斥性模式，所以施害者和受害者、君主和神圣人彼此泾渭分明，即使是拓扑学上也是如此，即是说，至高权力（Souveranität）和神圣人的赤裸生命彼此“对峙于一个秩序的两极”。阿甘本讲的例外状态是一种排斥性状态，而绩效社会的神圣人则处于完全彻底的正常状态，也就是一种扩张性状态。阿甘本完全忽视了暴力的拓扑学转变，此转变乃君权社会向绩效社会转变的基础。作为绩效社会的标志性特征，扩张性暴力避开了令阿甘本矢志不渝的排斥性的免疫范式。

穆斯林人是那些已经完全丧失体力、瘦骨嶙峋、无精打采的集中营囚徒。作为极权社会的神圣人，他们位于一种秩序的最底端，在一个常规地点之外的非地（Ab-Ort）。绩效主体作为后现代的神圣人却处于地点中心，一种秩序的中心。即使是劳动营也不再位于一个地点的边界位置，相反，每个绩效主体都自带一个营地。地点和非地在这里没有分别，绩效主体是囚犯同时也是看守。他不能抵抗这种暴力，因为施暴的人正是他自己。这不由得让人怀疑，后现代的绩效主体带着如心力交瘁或抑郁症之类的精神紊乱，本身不就是一个穆斯林人吗！暴力的历史在这种施害者和受害者、主人与仆人、自由和暴力的合体中得以完成。

阿甘本说我们所有人都可能是神圣人，因为我们全都被至高权力的魔力掌控，都难逃被杀的命运。阿甘本对社会的这一诊断与今日社会的所有元素相抵牾。今天的社会不再是君权社会。今天使我们所有人成为神圣人的魔力，不是至高权力的魔力，而是绩效魔力。绩效主体误以为自己是自由的，扮作自由人，扮作自己的统治者，实际却被绩效的魔力控制，把自己变成神圣人。绩效社会的最高统治者也就是神圣人自己。

埃亨伯格的抑郁症理论忽视了绩效社会蕴含的系统暴力。他的分析跨度很大，其着眼点在心理学，而不是经济学和政治学。所以他在绩效主体的心理疾病之中看不出资本主义自我剥削的特征。据埃亨伯格之见，让人只属于他自己，这个命令本身就会带来抑郁。抑郁症只是后现代人没能成为自己的病理表达，埃亨伯格将这种人和尼采的自治的人（souveräne Menschen）对等，却没有看出他既是自治者，同时又是神圣人。他恐怕不是尼采眼中的统治者，而是末人，是自己剥削自己的奴仆。

和埃亨伯格的理论相反，尼采实际是从文化批判的角度用自治者为疲惫抑郁的绩效主体提供一个反例。所以，他一亮相就是一个悠闲的人。尼采应该会讨厌过度积极。因为“强大的灵魂”保持“宁静”，“动作很慢”，“面对太过活跃的人会有反感”。在

《查拉图斯特拉如是说》中尼采写道：“你们，爱好苦工、快速、新颖、异常的你们全体——你们坚持不了自己，你们的勤勉乃是逃避，乃是忘却自我之心。如果你们更加相信人生，你们就更不会拜倒在瞬间之前。可是你们在你们的内里没有足够的充实的内容去等待——甚至也无法偷懒！”[93]

对阿甘本而言，至高君权创造出那个可以杀戮而不获罪的领域。包含在这个君权领域内的生命是神圣的（*sacer*）。生命的神圣性原本就意味着“将生命折服于死神的权力”[94]。制造出神圣人的赤裸生命，实乃君权的原始功能。之所以说赤裸，是因为这个生命不在法律规则之内，因而随时可以付诸刀俎。在绩效社会里，神圣人的生命则出于一个完全不同的原因才神圣而赤裸。它之所以赤裸，因为它被剥离了价值的所有超验性，简略成维持生命的基本运作和基本功能这个内在性（Immanenz）。人们穷尽一切办法，把这个内在性最大化。绩效社会遵循其内在逻辑发展成一个兴奋剂社会（Dopinggesellschaft）。被简化成了仅维持生命基本运作的生命，是一个必须绝对保持健康的生命。健康是新的上帝。[95] 因此，赤裸的生命就是神圣的。绩效社会里的神圣人同君权社会里的还有一个特殊区别，他们是绝对杀不死的。他们过得就像活死人。他们因太过活跃而无法死去，又因过于疲乏而虽生犹死。

注　释

第一部　暴力的宏观物理学

[1] J. 菲利普 · 雷姆茨玛谈到暴力表达和现代暴力的非法化，他只看到了粗鲁的身体暴力，根本不了解系统的暴力或暴力的细微形态。参见：J. Ph. Reemtsma, *Vertrauen und Gewalt. Versuchüber eine besondere Konstellation der Moderne*, Hamburg 2008.

[2] Ovid, *Metamorphosen*, 6. Buch, 683ff.

[3] 参见：L. Günter , M. Oberweis (Hg.), *Inszenierungen des Todes. Hinrichtung - Martyrium - Schändung*, Berlin u. a. 2006, S. 37.

[4] Sigmund Freud, *Das Unbehagen in der Kultur. Und andere kulturtheoretische Schriften*, Frankfurt a. M. 1994, S. 87.

[5] Ebd., S. 173.

[6] 参见：Sigmund Freud, *Das ökonomische Problem des Masochismus*, in: *Das Ich und das Es. Metapsychologische Schriften*, Frankfurt a. M. 1992, S. 309.

[7] René Girard, *Das Heilige und die Gewalt*, Düsseldorf 1994, S. 215.

[8] René Girard, *Das Ende der Gewalt. Analyse des Menschheitsverhängnisses*, Freiburg i. Br. 1983, S.24.

[9] Ebd., S. 23f.

[10] 吉拉尔批评柏拉图没有认识到原始文化中禁止模仿行为的真正原因："柏拉图惧怕艺术活动，认为那是一种模仿，而不是反过来承认模仿是一种艺术。他跟原始人类一样惧怕模仿……但是他也同样不清楚，因为他没能搞清这种恐惧的来龙去脉……他从未将这些冲突效应归结为占有性模仿，即归结为两个竞争者都因那个他们认为值得追求的目标而试图展开争夺。"（《暴力的终结》）吉拉尔对柏拉图的批评是完全没有根据的，它根本没有击中柏拉图模仿批评在形而上层面的诱因。柏拉图之所以禁止模仿，一方面是由于他认为模仿是对理念的纯粹复制，也就是说，表达的是本质的匮乏。另一方面，模仿的行为方式之所以应该受谴责，因为它道出了身份性受到的威胁，鉴于模仿者总是转变成他所模仿的对象。他不再跟从前那个他一模一样了，任何形态上的多重性在柏拉图看来都是卑鄙无耻的，因为善的形态是唯一性的，柏拉图对模仿的禁令成了一种对变形的禁令，它来源于形而上的身份强制。

[11] 更多杀人仪式的例子，参见：Walter Burkert, *Homo Necans, Interpretationen altgriechischer Opferriten und Mythen*, Berlin 1972. 布尔克特也认为，人是为了克服死亡而杀戮。

[12] Girard, *Das Heilige und die Gewalt*, a.a.O., S. 34.

[13] Ebd., S. 19.

[14] 参见同上，第 34 页："暴力的某些特性中诡计多端的要求，

尤其是从一个目标向另一个目标迁移的能力，隐藏在献祭仪式的僵硬机制背后。”

[15] 参见同上，第 454 页：“宗教首先是剔除对阻挡人类社会之形成的暴力性障碍。”

[16] 对黑格尔来说，献祭绝不是预防暴力的手段，并非源于对破坏社会秩序的恐惧。相反，他将其定义为“愉快之举”。照此，最终的主体为了绝对性而放弃了他的财产。献祭是“见证，讲明我一无所有，我只是通过自己同绝对性的关系来思考从而给出我的一切”。Hegel, *Vorlesungen über die Philosophie der Religion* I, *Werke in zwangzig Bänden*, hrsg. Von E. Moldenhauer und K. M. Michel, Frankfurt a. M. 1970, Bd. 16, S. 225.

[17] Friedrich Nietzsche, *Der Antichrist*, *Kritische Gesamtausgabe*, Abt. VI, Bd. 3, 180f.

[18] 免疫—被动行为就是一个社会给自己施加打折的暴力，来进行自我免疫。参见《神圣与暴力》（*Das Heilige und die Gewalt*），第 426 页：“面对现代免疫和接种方法，你该说些什么呢？……医疗干预就是从疾病当中移植‘一点点’，就好比仪式一样，拿出‘一点点’暴力给共同体，以便其有能力抵御暴力。类比近乎令人目眩，如此不计其数，如此恰切。”

[19] E. S. Craighill Handy, *Polynesian Religion*, Honolulu 1927, S. 31. 转引自埃利亚斯·加内蒂：《群众与权力》，第 287 页以下。鲍德勒将远古暴力追溯至这样一种努力，即达到“食肉动物状态”以及远离“被食状态”。对“食肉动物状态”

的追逐并不包括“曼纳”的资本经济。参见：G. Baudler, *Ursünde Gewalt, Das Ringen um Gewaltfreiheit*, Düsseldorf 2001.

[20] Pierre Clastres, *Archäologie der Gewalt*, Berlin 2008, S. 28.

[21] 国王本身要受制于更高的权力：“国王在满月时实施统治，随着月缺渐渐隐遁。一旦一个周期结束，星辰下坠，以待稍后新生，国王和妻妾们将会在一个矿井里窒息而亡。当月亮重新升起，会有一位新的统治者登基。”（W. Binde, *Tabu. Die magische Welt und Wir,* Bern 1954, S. 76f.）远古社会的国王绝对不是一个全能统治者：“即是说，他生活在黑暗中的一个小屋，他死时会见到太阳或月亮。就好比对刚果河口的报道，国王被绑在他的王座上，即便在夜晚他也坐着睡在王座上。国王实施统治，被五花大绑，遵照绝对权力的律法而死。绝对权力有自己的时间。”（Ebd., S. 77.）

[22] 参见：Lévi Strauss, *Die elementaren Strukturen der Verwandtschaft*, Frankfurt a. M. 1981, S. 127. “在敌对关系和对立绩效之间存在一个纽带，一种连续性：交换行为是和平方式下调停的战争，战争则是不畅交换行为之结果。”

[23] Clastres, *Archäologie der Gewalt*, a.a.O., S. 75.

[24] Ebd., S. 77.

[25] 远古社会既不会制造国家，也不会创造权力实体。克拉斯特混淆了能力与意愿，所以才会写道：“拥有权力意味着实施权力，而实施权力意味着对权力对象进行统治。这恰恰非原始社会之所愿。”（Ebd., S. 29.）

[26] 参见：Baudler, *Ursünde Gewalt*, a.a.O., S. 115.

[27] 亚里士多德提示人们，纯然的追求资本应该受到谴责，因为那样做只为求生存，而不求美好生活："如此一来，某些人的持家之计似乎正在于此，且继续捍卫要么守护财富、要么无限增加财富的观点。持此观点的原因是对生存而非美好生活的孜孜以求，因为追求前者会走向无节制，令人向往达到目的的无限可能。"(《政治学》，1257b)

[28] Freud, *Das Unbehagen in der Kultur*, a.a.O., S. 161.

[29] Ebd., S. 160f.

[30] Sigmund Freud, *Das Ich und das Es. Metapsychologische Schriften*, Frankfurt a. M. 1992, S. 273.

[31] Ebd., S. 291.

[32] Ebd., S. 290.

[33] Ebd., S. 285.

[34] Ebd., S. 106.

[35] Ebd., S. 179.

[36] Ebd., S. 181.

[37] Ebd., S. 294.

[38] Immanuel Kant, *Die Metaphysik der Sitten*, Werke in zehn Bänden, hrsg. von W. Weischedel, Darmstadt 1983, Bd. 7, S. 573.

[39] Ebd.

[40] Ebd., S. 574.

[41] Immanuel Kant, *Kritik der praktischen Vernunft*, Werke in zehn Bänden, a.a.O., Bd. 7, S. 239.

[42] Richard Sennett, *Verfall und Ende des öffentlichen Lebens. Die Tyrannei der Intimität*, Berlin2008, S. 563.

[43] Ebd., S. 581.

[44] Freud, *Das Ich und das Es*, a.a.O., S. 268.

[45] Alain Ehrenberg, *Das erschöpfte Selbst. Depression und Gesellschaft in der Gegenwart*, Frankfurt a. M. 2008, S. 300.

[46] 同上，第 305 页："在无限可能的时代，抑郁象征了无法被统治之物。我们可能用不同方法来挤压我们的边界，但是这种控制不会令我们摆脱任何东西。压制和自由会发生改变，但'不能减少的东西'丝毫不会变少。"

[47] Ebd., S. 302.

[48] Ebd., S. 288.

[49] 完结形式制造出一种不可变通性，它将阻碍资本生产过程的加速。当绩效主体对一切敞开，即具有了可变通性，那么它也就在以最有效的方式剥削自己。

[50] Ehrenberg, *Das erschöpfte Selbst*, a.a.O., S. 22.

[51] Ebd., S. 284.

[52] 阿克瑟尔·霍耐特在前言中写道："今天的主体在自我塑造心理结构时无须触碰社会的基本挑战，无须同社会发生内在冲突。而他确信，这种情况会以不确定的方式危害公民民主的文化前提；因为民主的活力基本上有赖于公民的投入，公民只有把内部心理冲突的经验——这种经验为社会上的不同声音创造了一个达成理解的平台——纳入自身发展时，才有可能做出不同表态，才有可能针对争议事件而参与形成公共意见。"

[53] Ebd., S. 273.

[54] 埃亨伯格将这种作为典型抑郁疾病的自残归结为罪与责的无

处安放："取代群体间战争的是个人的竞争……我们经历了一个双重现象：一重是持续增长却一直抽象的普遍化（全球化），另一重是同样增长着但具体可见的个人化。……在这样的背景下，让一个人在自觉是某一情境中的受害者的同时又能自觉对这个环境负责，难上加难。……怨恨的矛头直指自身（抑郁是一种自残行为），会投射到一个替罪羊身上。"（同上，第 294 页）社会—经济的关联之复杂，令这份罪责没有明确的归属。有鉴于此，尽管可以想见人们会将怨恨的矛头指向自己，但是这种自我指责从本质上有别于那种通常导致人自杀的自残行为。

[55] 参见：Carl Schmitt, *Der Begriff des Politischen*, München 1932, S. 14. 敌人是"他者、陌生人"，"存在意义上讲是他者之物、陌生之物"，"以至于在极端情况下，可以与之发生冲突；判定这些冲突的，既不能是一个预先发生的普遍的标准化，也不能是一个由'未参与其中的'的判决而产生的'不加偏私的'第三方"。

[56] Ebd., S. 34.

[57] Ebd., S. 26.

[58] Ebd., S. 34.

[59] Ebd., S. 32.

[60] Carl Schmitt, *Theorie des Partisanen. Zwischenbemerkung zum Begriff des Politischen*, Berlin1963, S. 87f.

[61] Schmitt, *Der Begriff des Politischen*, a.a.O., S. 54.

[62] Ebd., S. 27.

[63] Ebd., S. 23.

[64] 参见：Carl Schmitt, *Potilische Theologie. Vier Kapitel zur Lehre von der Souveränität*, Berlin 1990, S. 18f. “由于例外状态总是有别于无政府状态和混乱状态，法律层面上总还是存在着一种秩序，即便并非法律秩序。国家的存在无疑高于法律规范的效力。判决不受制于任何规范性的关联，从根本上讲是绝对性的。”

[65] Schmitt, *Der Begriff des Politischen*,a.a.O., S. 37.

[66] Ebd., S. 34.

[67] Ebd., S. 38.

[68] Martin Heidegger, *Sein und Zeit*, Tübingen 1993, S. 127.

[69] Martin Heidegger, *Die Selbstbehauptung der deutschen Universität*, Frankfurt a. M. 1983, S.14.

[70] Schmitt, *Der Begriff des Politischen*, a.a.O., S. 70f.

[71] Carl Schmitt, *Politische Romantik*, Berlin 1968, S. 25.

[72] Ebd., S. 176.

[73] Schmitt, *Der Begriff des Politischen*, a.a.O., S. 23.

[74] Carl Schmitt, *Nomos der Erde*, Berlin 1950, S. 13f.

[75] Carl Schmitt, *Land und Meer. Eine weltgeschichtliche Betrachtung*, Köln 1981, S. 7.

[76] Carl Schmitt, *Ex Captivitate Salus. Erfahrungen aus der Zeit 1945ß1947*, Köln 1950, S. 89.

[77] Hegel, *Grundlinien der Philosophie des Rechtes*, *Werke in zwanzig Bänden*, hrsg. von E. Moldenhauer und K. M. Michel, Frankfurt a. M. 1969, Bd. 7, S. 414.

[78] Walter Benjamin, *Zur Kritik der Gewalt*, *Gesammelte Schriften*,

hrsg. von R. Tiedermann u.a.,II. 1, S. 198.

[79] Ebd., S. 197.

[80] 赫西俄德：《工作与时日》，274—280 节。阿甘本也引用了这几节，但却没有看出暴力与法律的本质区别。参见：Giorgio Agamben, *Homo sacer. Die Souveränität der Macht und das nackte Leben*, Frankfurt a. M. 2002, S. 42.

[81] Benjamin, *Zur Kritik der Gewalt*,a.a.O., S. 199.

[82] Ebd., S. 190f.

[83] Ebd., S. 191.

[84] Ebd.

[85] Ebd.

[86] Ebd., S. 195.

[87] Ebd., S. 193.

[88] Ebd.

[89] Ebd., S. 191f.

[90] Vgl. ebd., S. 196.

[91] Ebd., S. 199.

[92] 摩西将可拉一党人反常的死亡方式解释为一种神的旨意，说明上帝选择了他："你们应该从中看出，是主派我来做这些功业，而不是我按照自己的心意为之：如果他们跟所有人一样死去，或者跟所有人一样遭受劫难，那么上帝就不会派我来了：如果主要创造新事物，让大地开口吞噬从前所有的一切，让他们活生生赴死，那么你们也就不会看出这些人亵渎了主。"（《申命记》，第 16 章）

[93] Benjamin, *Zur Kritik der Gewalt*,a.a.O., S. 200.

[94] Ebd.

[95] Ebd., S. 203.

[96] Giorgio Agamben, *Ausnahmezustand*, Frankfurt a. M. 2004, S. 77.

[97] Agamben, *Homo sacer*, a.a.O., S. 42.

[98] Aristoteles, *Politik*, 1252b.

[99] Aristoteles, *Nikomachische Ethik*, 1155a.

[100] Aristoteles, *Politik*, 1262b.

[101] Ebd., 1295b.

[102] Ebd., 1281a.

[103] 只追求利润的纯粹经济组织不能形成共同体，原因在于它们缺乏政治的维度。“盈亏”二元代码下的经济制度是无视整体利益的。此处恰恰表明了政治的本质是什么。

[104] 正是从对政治的理解出发，亚里士多德才拒绝向战争和统治看齐（《政治学》，1333b）。“渴望战争”只意味着这个人“被孤立”（同上，1253a）。争执并不是视他人为敌而隔绝之，而是调节和联合。战争只有因和平之名而起，才是政治行为。

[105] Agamben, *Ausnahmezustand*,a.a.O., S. 105.

[106] Agamben, *Homo sacer*, a.a.O., S. 119.

[107] Thomas Hobbes, *Elemente der Philosophie*, Hamburg 1994, S. 129.

[108] Thomas Hobbes, *Leviathan*, Hamburg 1996, S. 135.

[109] Ebd., S. 139.

[110] Giorgio Agamben, *Mittel ohne Zweck*, Berlin 2001, S. 99.

[111] Ebd., S. 100.

[112] 同上，第 102 页。这一说法完全违背了这样一个事实：不少美国士兵因对伊拉克普通市民进行暴力犯罪而被判处终身监禁。

[113] Ebd., S. 108.

[114] 同上。阿甘本尽管同亚里士多德一样将语言与政治联系在一起，但语言由于再次被缩减到其真实性上，恰恰被剥夺了政治维度。亚里士多德并未将语言的政治维度归结到“说话的事实”上来，相反，语言是“逻各斯”。有语言能力的人是具有理性天赋的生物。正式语言同逻各斯之间的这种本质上的相近，把人类变成了政治生物。塑造语言之政治本质的并非“语言中的存在”的真实性，而是语言的逻辑性。人类是靠语言的逻辑性才具有了分辨是非对错的能力。

[115] Baudrillard, *Transparenz des Bösen.Ein Essay über extreme Phänomene*, Berlin 1992, S. 131.

[116] Giorgio Agamben, *Herrschaft und Herrlichkeit. Zur theologischen Gegealogie von Ökonomieund Regierung*, Frankfurt a. M. 2010, S. 12.

[117] Ebd., S. 305.

[118] Martin Heidegger, *Reden und andere Zeugnisse eines Lebensweges 1910—1976*, Gesamtausgabe Bd. 16, Frankfurt a. M. 2000, S. 563.

[119] Martin Heidegger, *Briefwechsel mit E. Blochmann*, Marbach am Neckar 1989, S. 23.

[120] Hannah Arendt, *Denktagebuch*, hrsg. von U. Ludz und I. Nordmann, München/Zürich2002, Bd. I, S. 276.

[121] Vgl. Augustinus, *Epistolam Ioannis*, Tractatus, 8, 10.

[122] Augustinus, *Sermo Lambot* 27, 3.

[123] Aristoteles, *Nikomachische Ethik* 1166a 29-32.

[124] Aristoteles, *Nikomachische Ethik* 1166b 1-2.

[125] Heinrich von Kleist, *Penthesilea*, 15. Auftritt.（译文参考克莱斯特：《彭忒西勒亚》，江雪奇译，华夏出版社 2018 年版，第 161 页。）

[126] Frierich Nietzsche, *Nachlass Frühjahr –Herbst 1881, Kritische Gesamtausgabe*, Abt. V, Bd. 2, S.448.

[127] 参见：Niklas Luhmann, *Die Wirtschaft der Gesellschaft*, Frankfurt a. M. 1988, S. 257. “象征将分离之物组合成一体，即通过辨识出其共属于两个方面，而无须发生聚合或扬弃差异。”如是看来，不仅是金钱，就连权力也是一种象征性的媒介。如卢曼所见，象征无异于恶魔。

第二部　暴力的微观物理学

[1] John Galtung, *Strukturelle Gewalt, Beiträge zur Friedens*. Und Konfliktsforschung, Reinbek 1975,S. 12.

[2] Ebd., S. 9.

[3] Ebd., S. 22.

[4] Pierre Bourdieu, *Die männliche Herrschaft*, in: *Ein alltägliches*

Spiel. Geschlechterkonstrunktionin der sozialen Praxis, hrsg. von I. Dölling u.a., Frankfrut a. M. 1997, S. 153-217.

[5] Slavoj Žižek, *Gewalt. Sechs abseitige Reflexionen*, Hamburg 2011, S. 38.

[6] Ebd., S. 17.

[7] Ebd., S. 21.

[8] Ebd., S. 86.

[9] Ebd., S. 93.

[10] Ebd., S. 131.

[11] Michel Foucault, *Der Wille zum Wissen. Sexualität und Wahrheit* I, Frankfurt a. M. 1977, S. 162.

[12] Ebd., S. 163.

[13] Ebd., S. 166.

[14] Ebd., S. 167.

[15] Ebd., S. 172.

[16] Ebd., S. 166.

[17] 英语词 industry（工业）意思是勤奋或者辛勤的，Industrial School（工业学校）指劳教所。

[18] Foucault, *Der Wille zum Wissen*, a.a.O., S. 168.

[19] 如今人民掌握最高统治权，不能简单意味着权力转换，而是对基本特点是等级制度的权力的剥夺。以共同意见为导向的民主交流不再是权力交流了。

[20] Foucault, *Der Wille zum Wissen*, a.a.O., S. 113.

[21] Ebd.

[22] Ebd., S. 116.

[23] Michel Foucault, *Das Subjekt und die Macht*, in: *Michel Foucault, Jenseits von Strukturalismus und Hermeneutik*, hrsg. von Hubert L. Dreyfus und Paul Rabinow, Weinheim 1994, S. 241-261, hier: S. 254.

[24] Foucault, *Der Wille zum Wissen*, a.a.O., S. 163.

[25] Ebd., S. 163f.

[26] 福柯将拷问主要是当作一种围绕真相发生的事。也就是说它是一种在施害者和受害者之间进行的为了寻求真相的“决斗”（Zweikamf）。Michel Foucault, *Überwachen und Strafen*, Frankfurt a. M. 1976, S. 56. 福柯认为，拷问“虽然残酷但并不是无度的”，它是一种“有规则的实践，这种实践展示了精确定义的方法”。福柯太过纠结逼供的官僚、拷打的组织管理而完全没有看到暴力因素：“片刻、持久的时间、器具、绳子的长度、砝码的重量、垫木的数目、盘问人员的攻击，所有这些都被精心编进习惯法规中。拷问是一种有严格游戏规则的法庭程序。”（Ebd., S. 54f.）福柯只注意到管理和官僚的严厉性，认为这些突出展现了现代权力技术。拷问者成为以真相名义进行拷打、制造痛苦的官僚。事实上，拷问者追寻的更多是快捷的乐趣，而不是简洁的真相。最终重要的也不是招供。语言本身常常清空一切交流功能，像棍棒一样被使唤。

[27] 参见：Foucault, *Der Wille zum Wissen*, a.a.O., S. 166.

[28] Giorgio Agamben, *Homo sacer. Die Souveränität der Macht und das nackte Leben*, Frankfurt a. M. 2002, S. 14.

[29] Foucault, Überwachen und Strafen. Die Geburt des Gefängnisses,

Frankfurt a. M. 1976, S. 397.

[30] Jean Baudrillard, *Transparenz des Bösen. Ein Essay über extreme Phänomene*, Berlin 1992, S. 122.

[31] Ebd., S. 75.

[32] Ebd., S. 74.

[33] Ebd., S. 86.

[34] ›Spiegel‹-Interview vom 15. Januar 2002.

[35] Jean Baudrillard, *Der Geist des Terrorismus*, Wien 2002, S. 85.

[36] Ebd., S. 86.

[37] Ebd., S. 20.

[38] Ebd., S. 63.

[39] Ebd., S. 55.

[40] Ebd.

[41] Ebd., S. 54.

[42] Arthur Schnitzler, *Aphorismen und Betrachtungen*, Frankfurt a. M. 1967, S. 177f. 鲍德里亚赞成施尼茨勒的观点，认为就本体论而言，也即就宇宙论而言，生命的普遍没落是必然的。他认为每个人秘密地命中注定要毁灭其他人，但并不是通过攻击或者恶毒的害人之心，而仅仅是因为他的存在。存在就已经是暴力了。一个人生存是另一个人毁灭的依据，而与此同时，这个人并不知道他能幸存下来，与另一个人的生死有关。

[43] Martin Heidegger,*Unterwegs zur Sprach*, Pfullingen 1959, S. 159.

[44] Peter Handke, *Am Felsfenster morgens*, Salzburg 1998, S. 336.

[45] 弗洛伊德在一封给威廉·弗利斯（Wilhelm Fließ）的信中写

道："你知道，我假设我们的心理机制是通过交错层次产生的，就是现有的回忆痕迹不时按新的关系被重新调整、改写。我的理论的根本创新点在于，认为记忆不是单片的而是多重的，是以各种各样的符号形式存下来的。"（Sigmund Freud, *Briefe an Wilhelm Fließ. 1887—1904*, hrsg. von J. M. Masson, Frankfurt a. M. 1986, S. 173.）

[46] Carl Schmitt, *Römischer Katholizismus und politische Form*, Stuttgart 2008, S. 48.

[47] Ebd., S. 47.

[48] Ebd., S. 58.

[49] Jean Baudrillard, *Die fatalen Strategien*, München 1991, S. 71.

[50] Ebd., S. 12.

[51] Jean Baudrillard, *Die göttliche Linke. Chronik der Jahre 1977—1984*, München 1986, S. 113.

[52] 如果只是把语言看作象征的话就会陷入一种天真的理想主义。汉娜·阿伦特认为语言是一种不言而喻的理解，所以语言和政治在她看来是不可分离的。政治的本质是基于互相交谈的共同行动，而暴力却是无言的、沉默的。参见：Hannah Arendt, *Über die Revolution*, München 1965, S. 20. 暴力仅因其秘而不宣性，就成了政治的边缘现象。语言中止的地方，政治也就结束了。阿伦特完全忽视了语言恶毒的一面，而正是这一面赋予暴力以语言，阻止共同行动。

[53] 尼采的出发点也是语言和暴力的原始亲缘性。尼采认为，自我通告（Sich-Mitteilen）是"通过他者来扩张其暴力"。参见：Friedrich Nietzsche, *Nachgelassene Fragmente 1882—1884*,

Kritische Gesamtausgabe, Abt. VII. Bd. 1, S. 306. 通告宣示了自身意志，表现为对他者的征服。说话是种伤害。它的第一个特征是“一个意志向另一个意志的（常常是伤害性的）冲压”。“对他者的伤害”造就了“更强者的符号语言”。理解的过程是直接通过痛苦和疼痛感知得以完成，所以循着尼采的思考，那些符号原本是创痕。暴力的逻辑在语法中延续。动词变位（flectere，原意是使弯曲服从）可能是一种使他者卑躬屈膝服从的暴力征服。主语和四格宾语的关系就像主仆一样。但如果人们注意一下语言的象征性，动词变位就不再是一种暴力下的屈服，而是适应和依偎。变位也就有了变通的意思。

[54] 当前对语言暴力的兴趣肯定不是因为它们如今特别普遍，而是因为人们如今拒绝任何身体暴力，所以排斥性暴力只能存在于语言媒介里。因此，对语言暴力的关注并非预见性的，而是回溯怀旧式的。

[55] 在一个排斥性社会，比如极权社会，像微博或脸书那样的社交网络完全能够起到建设性作用。它们让人们绕过当权者，组织抗议活动，正如今天在阿拉伯国家可以看到的那样。但在像西方那样的扩张性社会却产生了突变现象，也就是说，它们自身扩张为展示过度自我存在感（Ich-Bin）的空间。

[56] René Descarte, *Die Prinzipien der Philosophie*, Hamburg 2005, S. 15.

[57] Martin Heidegger, *Unterwegs zur Sprache*, a.a.O., S. 119.

[58] 参见：Emmanuel Lévinas, *Zwischen uns*, München 1995. “我的‘在世间’或‘在阳光下的位置’、我的家，难道不是我非法

占据的、本属于他人的生活空间吗？我压制或清空这些人，将他们驱逐到第三世界：排挤他们，隔绝他们，让他们无家可归，将他们洗劫、杀死。”

[59] Emmanuel Lévinas, *Wenn Gott ins Denken einfällt*, Freiburg i. Br. u.a. 1985, S. 218.

[60] Emmanuel Lévinas, *Jenseits des Seins oder anders als Sein geschieht*, Freiburg i. Br. u.a. 1998, S. 190. “主体性是不可替代的自我。不再是有主动权的第一格自我，而是从一开始就被迫……：似乎放到了第四格宾语的位置上，从一开始就要负责，无法抽离。”

[61] Ebd., S. 51.

[62] Michel Serres, *Das eigentliche Übel. Verschmutzen , um sich anzueignen*, Berlin 2009, S. 76.

[63] Ebd., S. 91.

[64] Ebd., S. 30.

[65] Ebd., S. 76.

[66] Baudrillard, *Transparenz des Bösen*, a.a.O., S. 40.

[67] Gilles Deleuze/Félix Guattari, *Anti-Ödipus. Kapitalismus und Schizophrenie*, Frankfurt a. M. 1974, S. 15.

[68] 参见：Gilles Deleuze/Félix Guattari, *Tausend Plateaus*, Berlin 1992, S. 16. “块茎的每个点都可以（必须）和其他点连接起来。这完全有别于树或根，树或根中的一点、一个秩序都是固定的。”

[69] Ebd., S. 41.

[70] Deleuze/Guattari, *Anti-Ödipus*, a.a.O., S. 46.

[71] Ebd., S. 8.

[72] Ebd., S. 13.

[73] Ebd., S. 14.

[74] Ebd., S. 511.

[75] Ebd., S. 44.

[76] Ebd., S. 308.

[77] Ebd., S. 515.

[78] Ebd.

[79] Michael Hardt/Antonio Negri, *Empire. Die neue Weltordnung*, Frankfurt a. M. 2003, S. 75.

[80] Michael Hardt/Antonio Negri, *Multitude. Krieg und Demokratie im Empire*, Frankfurt a. M. 2004, S. 124.

[81] Ebd., S. 122.

[82] 哈特和内格里没有清晰的反抗策略，而是使用神秘主义乌托邦式的宣誓套路，一会儿引用阿希西，一会儿引用奥古斯丁，还有普罗提诺："'所以，让我们逃到亲爱的故乡去'，于是人们更有权提出要求。……因为那里是我们的祖国，我们来自那里，那里是我们的母亲。这是怎样的旅行，怎样的逃亡？你不是徒步旅行，因为脚只是把你从一个国家带到另一个国家。你也不需要配置代步工具、牵马或者在海上航行。不，你必须把这一切置之脑后，不去看它们。也就是说，闭上眼睛，不是想象自己衰老的面孔，而是另一张脸。"（Hardt/ Negri, *Empire*, a.a.O., S. 402f.）

[83] 所以他们的书最后以共产主义的浪漫光环结束："在后现代我们又处于同弗兰茨·冯·阿希西（Franz von Assissi）相似

的境遇。我们用存在的快乐来对抗权力的困境。这种革命将无法控制权力，因为生命权力和共产主义、合作和革命都在爱、简单和无辜中融为一体。这里表现出共产主义者溢于言表的轻松和快乐。”(Ebd., S. 420.)

[84] 参见同上，第 69 页：“实际上我们必须承认，当人们试图从这些情况中创新时，却不能去除它们与时代不符的嫌疑：各种斗争总是老套过时，不合时宜。对学生运动的讨论使用了早已过时的民主口吻：吉他、头带、帐篷和标语，看起来像 20 世纪 60 年代伯克利大学“言论自由运动”的微弱回声。同样，洛杉矶动乱也像 20 世纪 60 年代震动美国的种族冲突的余波。巴黎和首尔的罢工，似乎把我们带回了工厂和工人大众的时代，仿佛他们是那些濒死的工人阶级发出的最后一声叹息。”

[85] Ebd., S. 70.

[86] Ebd., S. 71.

[87] Ebd., S. 313.

[88] Ebd., S. 223.

[89] Ebd., S. 218.

[90] Agamben, *Homo sacer*, a.a.O., S. 100.

[91] Ebd., S. 116.

[92] 免疫话语的现实性同样不能够说明，今天的社会比以往任何时代更热衷免疫模式。一个范式被提升为反思的对象，这常常意味着它在消失。今天的社会越发陷入脱离免疫防御模式的境地。他者和陌生事物是真的在消失，而阻止它的只可能是免疫反应。由免疫时代向（相似性主导的）后免疫时代的

转变，也离不开全球化过程。要加速全球化过程，就必须日益消除排斥性。相似性导致的暴力不再能通过免疫来防御，因此它比排斥性暴力更加阴险。

[93] Friedrich Nietzsche, *Also sprach Zarathustra*, Kritische Gesamtausgabe, V. Abt., Bd. 1, S. 53.（译文引自钱春绮译本，三联书店 2017 年版，第 46 页。略有改动。）

[94] Agamben, *Homo sacer*, a.a.O., S. 94.

[95] 尼采笔下的末人将健康解释为上帝死后的新上帝："他们敬重健康。'我们已发现幸福。'——那些末人说着，眨眨眼睛。"（*Also sprach Zarathustra*, a.a.O., S. 14. 译文引自钱春绮译本，第 14 页。略有改动。）